A Igreja do Deus vivo

CÓPIA NÃO AUTORIZADA É CRIME
ABDR
ASSOCIAÇÃO BRASILEIRA DE DIREITOS REPROGRÁFICOS
RESPEITE O DIREITO AUTORAL

Frei Battistini

A Igreja do Deus vivo

Coluna e Fundamento da Verdade
Curso Bíblico Popular sobre a Verdadeira Igreja

1Tm 3,15

"A Igreja do Deus vivo é coluna e fundamento da verdade".

Petrópolis

Rua Frei Luís, 100
25689-900 Petrópolis, RJ
www.vozes.com.br
Brasil

44ª edição, 2014.

11ª reimpressão, 2025.

Nihil obstat
Petrópolis, 3/3/78
Mons. Mário Corrêa Ferreira
Censor

Imprimatur
† Manoel Pedro
Bispo Diocesano
Petrópolis, 4/4/78

Santuário Nossa Senhora da Guia Lucena, PB

Diagramação: AG.SR Desenv. Gráfico
Capa: Omar Santos

ISBN 978-85-326-0693-8

Este livro foi composto e impresso pela Editora Vozes Ltda.

Sumário

Introdução

Por que este livro

Este livro não é um trabalho de apologética. Também não tem a finalidade de confundir os não católicos. Enfim, não tem finalidade alguma de enaltecer as glórias e as virtudes da religião católica, pois sabemos que defeitos e qualidades existem em qualquer instituição, em qualquer organização, como também em qualquer indivíduo, seja este de qualquer raça, cor, religião ou posição social.

Finalidade deste livro

Nós católicos acreditamos na unidade e na universalidade da Igreja de Cristo. E rezamos e trabalhamos para que, conforme o desejo do divino Fundador da Igreja, "haja um só rebanho e um só pastor" **(Jo 10,16)**.

Isto sobretudo depois do Concílio Vaticano II e depois do exemplo do Santo Padre João XXIII, que nos ensinou, com muita sabedoria, que "é preciso olhar aquilo que nos une, e não aquilo que nos separa". Tudo isto é verdade e nós aceitamos.

Há um fato, porém, que nos entristece muito e que todo católico e agente de pastoral não pode deixar de lado, como de importância secundária. É que no meio de nosso povo há muitos "irmãos separados" que espalham de casa em casa, às vezes invadindo mesmo, muitas dúvidas e muitas falsidades; com tal insistência que conseguem, às vezes, afastar da religião cristãos não muito bem preparados.

Com certos "irmãos separados" é simplesmente impossível iniciar um diálogo sério, fraterno, construtivo. O que interessa a eles é só ganhar um novo adepto. E para conseguir o intento recorrem, muitas vezes, a astúcias, inventam mentiras.

Este modo de agir é muito alastrado. Os nossos bispos reunidos em Puebla notaram bem tal fato. "Muitas seitas se têm mostrado clara e pertinazmente não só anticatólicas, mas até injustas contra a Igreja, e têm procurado minar os seus membros menos esclarecidos" (Puebla n. 80).

Acima de toda divisão deve predominar entre os cristãos a caridade, o respeito, o diálogo aberto e franco. Quem usa a calúnia, quem recorre a falsidades, quem é capaz de desrespeitar o próximo para adquirir um novo adepto à sua crença se coloca frontalmente contra Cristo Jesus.

Pois Cristo deu, como mandamento fundamental aos seus sequazes, o amor, a compreensão e a fraternidade. O amor à verdade. Cristo falou a verdade, é a verdade e mandou pregar a verdade.

Eis aqui, então, a finalidade deste livro. É esclarecer, elucidar, ajudar todos aqueles que querem conhecer melhor a verdade de Cristo e da sua Igreja. E, sobretudo, este livro tem a finalidade de ajudar os católicos a conhecer melhor a sua Igreja, viver melhor a sua Igreja, sentir com sua Igreja, sofrer com sua Igreja, responsabilizar-se pela sua Igreja. Porque a Igreja é Cristo continuado na história. E Cristo merece toda sua atenção e todo seu amor.

Em um mundo cheio de incertezas, confusões, medos, inseguranças, pertencer à verdadeira Igreja de Cristo é viver em segurança, é ter certeza do futuro e da salvação.

E você que pertence à Igreja, você que é Igreja, sinta-se alegre, sinta-se em casa, pois a Igreja é sua casa, sua comunidade, seu povo. O povo santo de Deus.

O autor

PARTE I

Noções sobre a Bíblia

1ª lição

A Bíblia

É o conjunto de todos os livros inspirados do Antigo e do Novo Testamento. É a coleção completa de tudo o que foi escrito sob a inspiração do Espírito Santo. A palavra *Bíblia* significa "os livros" (vem do grego).

Outros nomes da Bíblia

Palavra de Deus, Sagrada Escritura, a Lei, a Lei e os Profetas, o Livro Sagrado, as Sagradas Letras, a Divina Revelação.

Divisão da Bíblia

a) *Antigo Testamento*: do começo da humanidade até Jesus Cristo. Contém 46 livros que tratam da história da humanidade e da doutrina do Povo de Deus.

b) *Novo Testamento*: contém 27 livros que narram a vida e os ensinamentos de Jesus e dos apóstolos e a história dos primeiros 60 anos da Igreja.

A palavra *Testamento* significa "pacto", "contrato", "aliança", Antigo Testamento: Antiga Aliança de Deus com a humanidade por meio de Abraão e Moisés. Novo Testamento: Nova Aliança de Deus com a humanidade feita por meio de Jesus Cristo.

Língua e tradução da Bíblia

Língua da Bíblia – Hebraica para quase todo o Antigo Testamento, Grega para quase todo o Novo Testamento.

A primeira grande tradução da Bíblia chama-se *Vulgata*, feita por S. Jerônimo por encargo do Papa Dâmaso. S. Jerônimo terminou seu trabalho no ano 384. A Vulgata chegou a ser de uso universal. Atualmente, a Bíblia é traduzida em todas as línguas mais conhecidas. É o livro mais conhecido, mais lido e mais meditado. Nele, todo ser humano encontra resposta para todos os seus problemas do presente, do passado e do futuro. *A Bíblia é o livro da vida.*

Inspiração

Todos os livros da Bíblia são inspirados por Deus. Os escritores da Bíblia foram muitos, às vezes com intervalo de centenas de anos de um para o outro. Porém, em todos eles, era Deus quem os inspirava a escrever, somente e exclusivamente, o que Ele queria. Quem escrevia (com a caneta) era o autor humano, mas quem colocava as ideias na cabeça do autor era Deus. A inspiração define-se assim: *um influxo sobrenatural sobre o autor humano para escrever tudo o que Deus quer.* "Toda escritura é inspirada por Deus" (**2Tm 3,16; 2Pd 1,21**).

Divisão da Bíblia em capítulos e versículos

Divisão em capítulos: feita pelo Cardeal Estêvão Langton († 1228).

Divisão em versículos: feita pelo frade Santo Pagnino (1528).

A Bíblia toda contém 73 livros, 1.333 capítulos e 35.700 versículos.

Maiores escritores da Bíblia

Do Antigo Testamento: Moisés, Davi e Esdras.

Do Novo Testamento: os evangelistas (Mateus, Marcos, Lucas e João) e o apóstolo Paulo.

A BÍBLIA É A PALAVRA DE DEUS. É O LIVRO DA VIDA. VOCÊ TEM A BÍBLIA EM CASA?

Para refletir e responder

– Por que todos têm que ter uma Bíblia?

– Qual o papel do Divino Espírito Santo sobre os escritores da Bíblia?

2ª lição

Unidade da Bíblia

Apesar dos diversos livros, dos muitos autores humanos e da distância de tempo entre eles, há na Bíblia uma maravilhosa unidade. Essa unidade consiste nisso: no AT é anunciado o Messias, o Filho de Deus que devia vir salvar a humanidade. No NT é narrada a história e a doutrina do Salvador e de sua Igreja nascente.

Como a Bíblia chegou até nós

Antigamente, antes da invenção da imprensa, se escrevia em tijolos, papiros e pergaminhos: papiro: tirado de uma planta especial (papirus); cortando-se os filamentos do tronco, saía como que uma folha larga e comprida, que era enrolada e se podia escrever de um lado. Pergaminho: pele de animal (ovelhas e cordeiros), devidamente preparada, na qual se podia escrever; chama-se assim porque esse método foi inventado na cidade de Pérgamo, antiga capital da Mísia.

A Igreja Católica conservou e difundiu a Bíblia

Os antigos monges, antes da invenção da imprensa, transcreviam a Bíblia em milhares de cópias em pergaminhos. Assim, a Bíblia chegou até nós, intacta, completa, sem adulteração. As cópias mais antigas da Bíblia encontram-se na Biblioteca Vaticana (Código Vaticano: B-03) e no Museu Britânico (Código Sinaítico: S-01). Isto fique bem claro, seja declarado abertamente: *a Bíblia, Palavra de Deus, chegou até nós única e exclusivamente por meio da Igreja Católica.*

Bíblia Católica: é a Bíblia completa, toda a Palavra de Deus, *autêntica*, conservada, guardada e defendida com o maior cuidado e respeito.

Bíblia Protestante: é a Bíblia Católica incompleta.

De fato, Martinho Lutero, ex-religioso agostiniano, aceitou os livros da Bíblia como inspirados, só os que interessavam à sua teoria. E fez uma tradução em alemão. Esta é a Bíblia protestante. Uma Bíblia incompleta.

Os *protestantes, sem saber, aceitam a autoridade da Igreja Católica em relação à Bíblia.*

Os fatos: depois da morte do último apóstolo, até o ano 381 (Concílio de Constantinopla), havia muitos livros adulterados que passavam como se fossem inspirados, mas não eram. Foi o Papa Dâmaso que, em 381, assistido pelo Divino Espírito Santo, definiu que os *livros inspirados do NT são só os que nós conhecemos e aceitamos*. E os nossos irmãos protestantes aceitam também.

Para refletir e responder

– *Qual o assunto central de toda a Bíblia?*

– *Como chegou e por quem chegou até nós a Bíblia?*

3ª lição

Como saber se uma Bíblia é católica ou protestante

a) A Bíblia Católica contém todos os livros inspirados por Deus, que são 73 ao todo: 46 do AT e 27 do NT. A Bíblia protestante contém apenas 66 livros: 39 do AT e 27 do NT. Os sete livros que faltam são: Tobias, Judite, Sabedoria, Eclesiástico, Baruc, 1Macabeus e 2Macabeus. Também faltam os capítulos 10 a 16 do Livro de Ester e os capítulos 3, 13 e 14 do Livro de Daniel.

b) A Bíblia Católica traz sempre no pé de cada página notas explicativas para facilitar o leitor a compreender melhor a Palavra de Deus. A Bíblia protestante não tem nota alguma, nenhuma explicação.

c) A Bíblia Católica apresenta na primeira página a palavra *Imprimatur* (ou "imprima-se", de um bispo), como garantia absoluta de que se trata da Palavra de Deus autêntica e sem nenhuma alteração. Os bispos são sucessores dos apóstolos. Aquelas Bíblias que não têm na primeira página essa palavra (*Imprimatur* ou imprima-se) não são Bíblias católicas e, por isso, não são a Palavra de Deus completa e autêntica.

Como ler a Bíblia

A Bíblia é a Palavra de Deus. Sua leitura exige muito respeito, humildade e prudência.

Respeito: porque é Palavra de Deus e Palavra Santa, e as coisas santas devem ser tratadas com o maior respeito.

Humildade: não pretendendo poder entender tudo o que há na Bíblia. Pensar assim é se colocar contra a Bíblia desde o começo, pois "nela há, porém, alguma coisa difícil de compreender, que as pessoas pouco instruídas ou pouco firmes deturpam, como fazem também com as outras escrituras, para a sua própria ruína" (**2Pd 3,15-16**). Quando o leitor encontra algo na Bíblia que não compreende, deve pedir explicações a quem pode explicar, como o vigário, ou consultar revistas especializadas, como:

PERGUNTE E RESPONDEREMOS – Caixa Postal 2.666 – ZC-00 – Rio de Janeiro, ou também:

ESCOLA DA FÉ – Edições Paulinas – Caixa Postal 12.899 – São Paulo.

Prudência: nunca apegar-se a uma só frase, sem conhecer o texto todo e o contexto. Nunca arriscar interpretações pessoais sobre pontos doutrinários, pois "nenhuma profecia é de interpretação pessoal" (**2Pd 1,20**). A imprudência de muitos ao ler a Bíblia levou-os às mais tristes heresias.

Conclusão

Há muitos que pensam conhecer a Bíblia porque decoraram alguns versículos e ficam papagueando essas palavras, dando-se ares de "doutor em Sagradas Escrituras". É o modo mais desrespeitoso de conhecer a Bíblia. O verdadeiro conhecimento dela adquire-se aos poucos, pela leitura contínua, diária, meditada, refletida. A Bíblia é o livro da vida. Nela cada um encontra a sua história, o que deve fazer, como proceder, como deve amar a Deus, Princípio e Fim de todas as coisas, e como pode salvar-se.

Para refletir e responder

– *Qual a diferença entre a Bíblia católica e a protestante?*

– *De que modo devemos ler e meditar a Bíblia?*

4ª lição

Abreviaturas dos livros da Bíblia

Toda a Santa Bíblia é dividida em livros. Cada livro é dividido em capítulos; cada capítulo, em versículos. Eis a relação completa dos livros com suas abreviaturas:

Pentateuco (cinco livros)

1. Gênesis	Gn
2. Êxodo	Ex
3. Levítico	Lv
4. Números	Nm
5. Deuteronômio	Dt

Livros históricos

6. Josué	Js
7. Juízes	Jz
8. Rute	Rt
9. 1º Samuel	1Sm
10. 2º Samuel	2Sm
11. 1º Reis	1Rs
12. 2º Reis	2Rs
13. 1º Crônicas	1Cr
14. 2º Crônicas	2Cr
15. Esdras	Esd
16. Neemias	Ne
17. Tobias	Tb
18. Judite	Jt
19. Ester	Est
20. 1º Macabeus	1Mc
21. 2º Macabeus	2Mc

Sapienciais – Didáticos

22. Jó	Jó
23. Salmos	Sl
24. Provérbios	Pr
25. Eclesiastes	Ecl
26. Cântico dos Cânticos	Ct
27. Sabedoria	Sb
28. Eclesiástico	Eclo

Profetas

29. Isaías	Is
30. Jeremias	Jr
31. Baruc	Br
32. Ezequiel	Ez
33. Daniel	Dn
34. Oseias	Os
35. Joel	Jl
36. Amós	Am
37. Abdias	Ab
38. Jonas	Jn
39. Miqueias	Mq
40. Naum	Na
41. Habacuc	Hab
42. Sofonias	Sf
43. Ageu	Ag
44. Zacarias	Zc
45. Malaquias	Ml
46. Lamentações	Lm

Novo Testamento

1. Evangelho segundo Mateus Mt
2. Evangelho segundo Marcos Mc
3. Evangelho segundo Lucas Lc
4. Evangelho segundo João Jo
5. Atos dos Apóstolos At
6. Epístola aos Romanos Rm
7. 1ª Epístola aos Coríntios 1Cor
8. 2ª Epístola aos Coríntios 2Cor
9. Epístola aos Gálatas Gl
10. Epístola aos Efésios Ef
11. Epístola aos Filipenses Fl
12. Epístola aos Colossenses Cl
13. 1ª Epístola aos Tessalonicenses 1Ts
14. 2ª Epístola aos Tessalonicenses 2Ts
15. 1ª Epístola a Timóteo 1tm
16. 2ª Epístola a Timóteo 2Tm
17. Epístola a Tito Tt
18. Epístola a Filêmon Fm
19. Epístola aos Hebreus Hb
20. Epístola de Tiago Tg
21. 1ª Epístola de S. Pedro 1Pd
22. 2ª Epístola de S. Pedro 2Pd
23. 1ª Epístola de S. João 1Jo
24. 2ª Epístola de S. João 2Jo
25. 3ª Epístola de S. João 3Jo
26. Epístola de S. Judas Jd
27. Apocalipse Ap

Citações da Bíblia

Primeiro coloca-se a abreviatura do livro, depois o capítulo e, por fim, o(s) versículo(s). Quando se quer citar mais de um versículo, coloca-se um hífen entre um e outro. Exemplos: **Gn 3,14** quer dizer Livro do Gênesis, capítulo 3, versículo 14; **Jo 14,6-10** significa Evangelho segundo S. João, capítulo 14, versículos 6 a 10. A vírgula separa capítulo de versículo. O ponto-e-vírgula separa capítulos e livros. O hífen indica sequência de versículos. O travessão indica sequência de capítulos. O ponto separa versículos não seguidos. Exemplo: **Lc 17,22.25.27-30** significa Evangelho segundo Lucas, capítulo 17, versículos 22, 25 e 27 a 30.

PROCURE NA SUA BÍBLIA ESTES TRECHOS, LEIA E MEDITE: **Lc 17,3-5; Jo 8,12.**

5ª lição

Formação do Cânon da Bíblia Sagrada

A palavra *Cânon* significa regra, norma. Os livros inspirados da Bíblia chamam-se canônicos, isto é, reguladores da nossa fé. O Cânon é, então, a lista dos livros inspirados que têm Deus como autor principal.

Como nasceu o Cânon da Bíblia

Quase todos os livros do AT foram escritos em hebraico. Porque muitos judeus emigraram da Palestina para Roma, Alexandria etc., tornou-se necessário traduzir a Bíblia para o grego, língua falada no mundo todo. Foram feitas duas grandes traduções da Bíblia para o grego. A primeira chama-se *Bíblia Palestinense* ou *Esdrina*, cuja codificação começou quase 500 anos antes de Cristo e terminou 100 anos depois de Cristo. A segunda tradução chama-se *Bíblia Alexandrina* ou dos *Setenta*. Chama-se assim porque foi traduzida para o grego por 70 sábios de Alexandria, 300 anos antes de Cristo. Acontece que a Bíblia Alexandrina ou dos Setenta contém alguns livros a mais do que a Bíblia Palestinense ou Esdrina. Os livros que apareceram nas duas traduções da Bíblia chamam-se *Protocanônicos*. Estes são aceitos por todos como inspirados. Os livros que apareceram apenas na Bíblia Alexandrina chamam-se *Deuterocanônicos*: Tobias, Judite, Sabedoria, Eclesiástico, Baruc, 1º Macabeus e 2º Macabeus; e também alguns capítulos do Livro de Ester e do Livro de Daniel.

Nos primeiros séculos da Igreja os livros deuterocanônicos eram aceitos por todos. Não havia dúvida alguma sobre sua canonicidade. As dúvidas começaram a surgir no século IV, devido sobretudo a S. Jerônimo, que, indo morar na Palestina, se deixou influenciar por alguns judeus que atribuíam menor importância aos livros deuterocanônicos em relação aos protocanônicos. Posteriormente, essas dúvidas foram esclarecidas.

A Bíblia Alexandrina ou dos Setenta foi usada por Jesus e pelos apóstolos. Isto significa que aceitavam os deuterocanônicos como Palavra de Deus revelada. Jesus e os apóstolos citam o AT 350 vezes. Pois bem, destas 350 citações, 300 são tiradas da Bíblia Alexandrina ou dos Setenta. Isto demonstra clara e absolutamente, sem deixar dúvida, que os livros deuterocanônicos contêm a Palavra de Deus autêntica e verdadeira. Há mais: esta verdade foi reafirmada em vários concílios pela autoridade máxima da Igreja, o papa. Os concílios de Roma (382), Hipona (393), Cartago (397), Florença (1441) e Trento (1546) reafirmaram a canonicidade dos 73 livros da Bíblia. Os que não aceitam os 73 livros da Bíblia rejeitam parte da Palavra de Deus. E isto é contrário à vontade de Deus, pois está escrito: "Nada acrescentareis às coisas que vos imponho, e nada subtraireis, observando os preceitos do Senhor, vosso Deus, que eu estou para vos ordenar" (**Dt 4,2**).

Para refletir e responder

– Quem tem autoridade para dizer quais são os livros inspirados?

– A Bíblia Alexandrina ou dos setenta foi usada e citada por Jesus e pelos apóstolos. Isto significa o quê?

– Os que não aceitam a Bíblia que Jesus aceitou, o que dizer deles?

PARTE II

Principais erros contra a Bíblia

6ª lição

A Bíblia e a tradição oral

A *Bíblia* é a Palavra de Deus escrita que chegou até nós pela Igreja. A *Tradição* é a Palavra de Deus não escrita, mas transmitida de viva voz e conservada pela Igreja em seus ensinamentos, na liturgia e na disciplina.

Grande questão entre católicos e protestantes

Protestantes: a doutrina e o ensinamento de Jesus estão somente na Bíblia. *Católicos*: a doutrina e o ensinamento de Jesus estão na Bíblia e na Tradição.

Tese: o ensinamento de Jesus não está apenas na Bíblia, mas também na Tradição, isto é, no ensino oral da Palavra de Deus.

1. Jesus não mandou que os apóstolos escrevessem a Bíblia. Só mandou que pregassem e ensinassem a sua palavra: "Ide por todo o mundo, *pregai o Evangelho* a toda criatura" (**Mc 16,15**); "Quem a vós ouve, a mim ouve" (**Lc 10,16**).

2. Todos os apóstolos foram enviados ("Ide e pregai..."), mas só alguns escreveram, e apenas no fim de sua vida.

3. Se fosse fundamental o ensino da Bíblia escrita, todos os apóstolos primeiro teriam escrito a Bíblia e depois a teriam pregado. Mas foi o contrário. Eles foram enviados e pregaram a Pala-

vra de Deus de viva voz (Tradição); e a maioria dos apóstolos não escreveu nada, só pregou a Palavra de Deus de viva voz.

4. Conforme a teoria dos protestantes, os apóstolos que não escreveram a Bíblia ou que não ensinaram com a Bíblia na mão não teriam pregado e difundido a Palavra de Deus. Mas o certo é que todos eles pregaram a Palavra e todos morreram mártires por causa da Palavra que pregaram.

Mesmo na Bíblia há muitos trechos nos quais se demonstra claramente que a Tradição tem o mesmo valor da Bíblia. Abramos a Bíblia:

a) "Retém a forma de sãs palavras que de mim ouviste, inspiradas na fé e na caridade de Jesus" (**2Tm 1,13**).

b) "Mantende-vos firmes, irmãos, e guardai os ensinamentos que recebestes, quer pela palavra, quer pela nossa carta" (**2Ts 2,15**). 'Pela palavra' significa pela Tradição, isto é, pelo ensino oral. 'Pela nossa carta' significa pela Bíblia, por escrito".

c) "Em nome de Nosso Senhor, Jesus Cristo, mandamos que vos afasteis de todo irmão que se entrega à preguiça e não segue a tradição que de nós recebestes" (**2Ts 3,6**).

d) "Tu, pois, meu filho, sê forte na graça de Cristo, e o que de mim ouviste perante muita testemunha confia-o a homens fiéis capazes de ensinar a outros" (**2Tm 2,1-2**). Eis aqui a tradição oral. Naquela época usava-se pouco a Bíblia, mas ensinava-se de viva voz, que é a Tradição.

Os *protestantes dizem que o ensinamento de Jesus está todo na Bíblia. Está errado, de fato. Abramos a Bíblia*:

"Muitos outros milagres fez Jesus na presença dos discípulos, os quais não estão escritos neste livro" (**Jo 20,30**).

"Há ainda muitas coisas feitas por Jesus, as quais, se se escrevessem uma por uma, creio que este mundo não poderia conter os livros que se deveriam escrever" (**Jo 21,25**).

Mais claro do que isso não é possível!

Conclusão

Nenhum protestante pode demonstrar que a sua Bíblia é a autêntica Palavra de Deus. Pelo motivo que nenhuma igreja protestante tem ligação com a Igreja dos apóstolos. Eles nasceram 1.500 anos depois. O que eles ensinam corretamente a respeito da Bíblia são conhecimentos adquiridos antes deles pelo estudo, pela autoridade e pela tradição da Igreja Católica.

Para refletir e responder

– *Defina, com suas palavras, o que é Tradição.*

– *Quem não aceita a Tradição recusa parte do ensinamento de Jesus. Por quê?*

7ª lição

Interpretação da Bíblia

1. Há um só Deus, um só Cristo Salvador. Cristo fundou uma só Igreja. A esta Igreja Cristo entregou a sua mensagem, a Bíblia, que é a Verdade. A Verdade é uma só.

2. Quem tem autoridade para interpretar a Bíblia? Única e exclusivamente a autoridade da Igreja.

3. Posições: *Católicos*: a interpretação da Bíblia cabe apenas à autoridade da Igreja: *Protestantes*: a interpretação da Bíblia é livre, cada um pode interpretá-la como quiser.

Tese: a interpretação da Bíblia cabe à autoridade da Igreja.

a) "Nenhuma profecia da Escritura é de interpretação pessoal" (**2Pd 1,20**). Mais claro do que isso não é possível.

b) "Assim vos escreveu também o nosso caríssimo irmão Paulo, segundo a sabedoria que lhe foi dada, falando-vos dessas coisas, como faz também em todas as suas cartas. Nelas há, porém, alguma coisa difícil de compreender, que as pessoas pouco instruídas ou pouco firmes deturpam, como fazem também com as outras escrituras, para sua própria ruína" (**2Pd 3,15-16**). "Pessoas pouco instruídas que deturpam a Bíblia..."

Parece que os tempos não mudam...

A Palavra de Deus deve levar as pessoas ao respeito do irmão, a amar o irmão, e, sobretudo, deve levar ao coração do que a lê mais paz e seriedade.

c) "Muitas são as opiniões dos homens, e as más imaginações levam ao engano" (**Eclo 3,24**).

Procure ainda na sua Bíblia: **Mt 12,23.29**; **At 8,30-35**.

Jesus entregou a sua mensagem à Igreja

À Igreja compete a reta interpretação da Bíblia.

"Jesus aproximou-se dos seus apóstolos e lhes falou: Foi-me dado todo poder no céu e na terra. Ide, pois, ensinai a todas as gentes... Eis que estou convosco todos os dias até o fim do mundo" (**Mt 28,16-20**; **Mc 16,14-16**).

"Disse Jesus aos seus discípulos: Quem vos ouve, a mim ouve, e quem vos rejeita, a mim é que rejeita" (**Lc 10,16**). Leia também **2Cor 10,4-5**; **1Tm 3,14-15**.

Desastrosas consequências da livre interpretação da Bíblia

Há no mundo atual centenas e centenas de igrejas ou seitas. Cada uma diferente da outra. Cada uma prega um Cristo diferente, cada uma prega verdades diferentes e uma moral diferente. Se Deus é um, se Cristo é um, se a verdade que Cristo ensinou é uma, deve haver uma só interpretação da verdade contida na Bíblia. Mas não é assim para as seitas protestantes.

Cada qual interpreta como quer. Mas as consequências são a divisão e a separação entre os cristãos. Isto é um escândalo aos olhos do mundo e é contrariar Cristo, pois Ele quer que "Haja um só rebanho e um só pastor" (**Jo 10,16**).

Conclusão

Na Igreja Católica ensina-se a única Verdade, a única moral, usa-se a mesma liturgia e se obedece ao único pastor, o papa. É a Igreja universal, a Igreja de Cristo. É a sua Igreja. Sinta-se seguro e ame a sua Igreja. *A Igreja é Cristo continuado na história.*

Para refletir e responder

– Por que qualquer um não pode interpretar a Bíblia?

– A quem compete a reta interpretação da Bíblia?

– Quais são as consequências da interpretação pessoal da Bíblia?

8ª lição

Fé e obras: requisitos essenciais para salvar-se

1. Lutero, fundador dos protestantes, baseando-se em **Rm 3, 28**, proclamou que só a fé salva. Os seus seguidores de hoje andam no mesmo caminho errado. De fato, não há nada mais antievangélico do que pensar e agir assim.

2. Eis em que se baseia Lutero: "Sustentamos que o homem é justificado pela fé, sem as obras da lei" (**Rm 3,28**). Esclarecimento: Paulo escreve aos romanos, que eram pagãos, acostumados a adorar ídolos ou falsos deuses. Por isso acentua a importância e a necessidade de uma fé total em Cristo. Mas não exclui as obras como necessárias para a salvação. Veja mais adiante.

3. Posições: *Protestantes*: só a fé em Cristo salva. *Católicos*: para se salvar é preciso a fé e as obras, que são o amor para com Deus e para com o próximo.

4. Tese: *Para salvar-se é necessário ter fé e cumprir as obras da fé.*

5. *Demonstração*:

a) "...ainda que possua a plenitude da fé, a ponto de transportar montanhas, se não tiver caridade nada sou" (**1Cor 13,2-3**). Caridade é obra, é ação, é prática da fé. Se alguém tiver fé, mas não tiver caridade, "não é nada"; não tem nada, nem a salvação! Paulo diz: "O homem é justificado pela fé, sem as obras da lei". E também diz: "A plenitude da fé sem a caridade (obras) não é nada". É contradição? Não! Lutero e seus seguidores é que interpretaram mal, entenderam mal. Paulo era inspirado, Lutero não.

b) Jesus ensinou: "Nem todo o que diz Senhor, Senhor", entrará no Reino dos Céus, mas o que faz a vontade do meu Pai que está nos céus" (**Mt 7,21**). Fazer a vontade do Pai é praticar a caridade, fazer obras boas. Dizer "Senhor, Senhor", é falar que tem fé e não praticar as obras da fé. Os que fazem isso não se salvarão.

c) Ainda Paulo: "Deus dará a cada um segundo as suas obras" (**Rm 2,6**). Paulo não diz que Deus dará (a salvação) segundo a fé de cada um, mas que Deus dará a salvação a cada um segundo as suas obras.

d) "A fé sem obras é morta" (**Tg 2,17**). Porque estas palavras de Tiago são claras demais, então Lutero declarou que não eram autênticas. Bom sistema de agir!

e) Cristo foi mais claro ainda e mais terrível contra os que dizem ter fé e não fazem as obras da fé. "Apartai-vos de mim, malditos, ao fogo eterno... Por que tive fome e não me destes de comer. Tive sede e não me destes de beber. Fui forasteiro e não me acolhestes. Estive nu e não me vestistes. Doente e preso, e não me visitastes" (**Mt 25,41-46**). Jesus é claro demais. Recusa a salvação a todos os que não praticarem boas obras.

f) "Se queres entrar na vida eterna (salvação), guarda os mandamentos" (**Mt 19,17**).

g) "Completo na minha carne o que falta à paixão de Cristo" (**Cl 1,24**). De fato, Paulo sofreu muito, trabalhou muito para se salvar, completando nele mesmo o que Cristo começou.

6. *Tentativa insuficiente*: um pastor protestante, para defender seu ponto de vista (só a fé salva), tentou explicar que o bom

ladrão se salvou sem as obras. Não é verdade! O bom ladrão se arrependeu, aceitou sofrer o castigo com amor, repreendeu o outro que blasfemava, exortou-o a se arrepender e defendeu Jesus contra os insultos do outro (**Lc 23,39-43**). Tudo isso é realizar obras.

Conclusão

"Nem um copo de água dado por meu amor ficará sem recompensa" (**Mc 9,41**). Continuemos nós praticando o que Cristo nos ensinou: o amor, o perdão, a compreensão, as visitas aos doentes etc. E com muita fé. E teremos a salvação, pois a fé estéril e só de palavras não salva.

Para refletir e responder

– *Por que a fé sem as obras não salva?*

– *Jesus nos ensinou só a ter fé ou também a praticar o bem?*

9ª lição

Culto das imagens

O cavalo de batalha de muitos membros de seitas é acusar os católicos de adorar imagens. Muitas vezes conseguem confundir os mais simples, dizendo que Deus proibiu fazer imagens etc. etc.

Vamos demonstrar aqui que Deus não proibiu fazer imagens, mas, aliás, mandou fazer.

Esclarecimento

Imagem: é a representação de um ser em seu aspecto físico. Assim, imagem é uma fotografia, uma estátua, um quadro etc.

Adorar: é o ato de considerar Deus como único Criador e Senhor do mundo. O culto de adoração somente se pode dar a Deus porque só Ele é Criador e Senhor do universo.

Ídolo: é um falso deus, inventado pela fantasia humana (sol, lua, animais e outras entidades etc.).

Idolatria: é o ato de adorar o falso deus. Ou seja, é considerar o falso deus como criador e senhor do universo. É o pior e mais grave pecado que se possa fazer.

Venerar: é imitar, honrar, louvar a Virgem e os santos porque são nossos modelos na fé e na prática da caridade.

Deus proíbe a fabricação de ídolos, não de imagens

Uma vez que o povo hebreu estava cercado de povos que adoravam ídolos (falsos deuses), e para que o povo hebreu não os imitasse neste horrível pecado, Deus fez saber ao seu povo: "Eu sou o Senhor teu Deus. Não terás outros deuses diante de mim. Não farás para ti imagens de escultura nem figura alguma do que está no céu ou embaixo sobre a terra ou nas águas debaixo da terra. Não te prostrarás diante delas e não lhes prestarás culto. Eu sou o Senhor teu Deus, um Deus zeloso" (**Ex 20,1-5**).

Como se percebe, Deus proíbe severamente a fabricação de imagens de ídolos (falsos deuses) para serem colocados no 1ugar do Deus verdadeiro, porque somente Ele, Deus, é o Deus único e verdadeiro.

Deus manda fazer imagens

Quando as imagens não são para serem colocadas no lugar de Deus, isto é, quando as imagens não são para serem adoradas, então o mesmo Deus as manda fazer. E muitas.

a) "O Senhor disse a Moisés: farás dois querubins de ouro. Estes querubins terão suas asas estendidas para o alto e com as asas protegerão a tampa da Arca da Aliança. E ali eu virei ter contigo" (**Ex 25,18-22**).

b) "Dentro do Santíssimo foram postos dois querubins de madeira" (**1Rs 6,26**).

c) "Todas as paredes do Templo em redor eram entalhadas com figuras de querubins e palmas" (**1Rs 6,29**).

d) "O Senhor disse a Moisés: faze uma serpente de bronze..." (**Nm 21,8**).

Ver também: **1Rs 7,29**; **Ez 41,18**; **Sb 16,5-8**.

Como se vê, Deus não proibiu fazer imagens, pois Ele mesmo as mandou fazer. Deus proibiu fazer imagens de ídolos, isto é, falsos deuses e a eles prestar culto de adoração, a saber, considerá-los como criadores do mundo. As imagens de Maria, dos santos, como também os monumentos aos heróis nacionais, não são ídolos, mas retratos de pessoas que se destacaram na fé em Cristo e no amor ao próximo e que nós devemos imitar.

Ajoelhar-se

A maioria das vezes, na Bíblia, ajoelhar-se ou prostrar-se diante de uma pessoa significa veneração, homenagem, respeito, saudação etc. Conferir: **Gn 27,29**; **1Rs 1,16-22**; **Ex 18,7** etc.

"Betsaida se ajoelhou e se prostrou diante do rei..." (**1Rs 1, 16**). Betsaida não adorou o rei, mas reverenciou.

Rezar a Deus por meio dos santos e da virgem

Maria, os apóstolos, os santos, são amigos de Deus e nossos irmãos; por isso podem pedir a Deus em nosso favor. Há muitos exemplos disso na Bíblia. Conferir: **1Sm 7,8**; **Ecl 44,1-2**; **1Rs 18,7**.

Maria em Caná pediu em favor dos noivos. E Jesus realizou seu primeiro milagre em atenção a sua mãe (**Jo 2,1-12**).

O mesmo Lutero diz a respeito: "Ninguém nunca se esqueça de invocar a Virgem e os santos pois eles podem interceder por nós" (Prep. *ad mortem*).

Pedro, em nome de Jesus, realizou milagres (**At 3,8**).

S. Paulo diz: "É bom rezar uns pelos outros e isto é agradável aos olhos de Deus" (**1Tm 2,1-3; Ef 6,18-19**).

Para refletir e responder

– *Qual a diferença entre imagem e ídolo?*

– *Por que Deus mandou fazer imagens?*

– *Retratos, pinturas, monumentos não são ídolos. Por quê?*

– *Alguém nega a Maria (contrariando a Bíblia) e aos santos o poder de interceder por nós; no entanto, diz a outro: "Ore por mim!" O que dizer a respeito?*

10ª lição

A Virgem Maria é Mãe de Jesus, Mãe de Deus

A Igreja Católica sempre tributou a Maria uma veneração, uma imitação, um amor muito especial, desde o início do cristianismo. O motivo é que ela é Mãe de Jesus, o Filho de Deus e nosso Salvador.

Para esclarecer

Pontos doutrinários: Jesus Cristo é o único Salvador e Redentor. Jesus é Filho de Deus, igual ao Pai e ao Espírito Santo na natureza. A Jesus devemos o culto máximo de adoração.

Em relação a Maria: Maria é uma criatura como nós, criada por Deus. A Maria não devemos culto de adoração, mas veneração, amor e imitação.

Maria é Mãe de Jesus, Mãe de Deus, porque Jesus é Deus: Em Deus há três pessoas: Pai, Filho e Espírito Santo. O Filho, eterno como o Pai e o Espírito Santo, por vontade do Pai se encarna para salvar a humanidade.

Encarnação do Filho de Deus: A divindade do Filho de Deus se uniu à humanidade no seio de Maria, e esta, por obra do Espírito Santo, gerou, deu à luz a pessoa de Jesus Cristo, que é o Filho de Deus. Maria, então, sendo mãe de Jesus Cristo e este sendo homem e Deus, é mãe do Filho de Deus feito homem.

Prova da Bíblia

"O Senhor mesmo vos dará um sinal: Eis a Virgem que concebe e dá à luz um filho que se chamará Emanuel (Deus conosco)" (**Is 7,14**).

"O anjo disse a Maria: Não tenhas medo, Maria, encontraste graça junto de Deus. Eis que conceberás e darás à luz um filho, e o chamarás com o nome de Jesus. Ele será grande, será chamado Filho do Altíssimo. Maria, porém, disse: Como é que vai ser isso, se eu não conheço homem nenhum? O anjo respondeu:

O Espírito Santo virá sobre ti e o poder do Altíssimo vai te cobrir com a sua sombra, por isso o Santo que nascer de ti será chamado Filho de Deus" (**Lc 1,30-35**).

"E Isabel ficou repleta do Espírito Santo e com grande grito exclamou: Bendita és tu entre as mulheres e bendito é o fruto do teu ventre. Donde me vem que a mãe do meu Senhor me visite?" (**Lc 1,41-43**). Aqui não há dúvida: Isabel, repleta do Espírito Santo, grita: "A mãe do meu Senhor!" O Senhor é Jesus Cristo, o Filho de Deus.

"Celebravam-se núpcias em Caná da Galileia e estava lá a mãe de Jesus" (**Jo 2,1**; **Mt 1,18**; **Mc 3,31-32**).

"Ao chegar a plenitude dos tempos, enviou Deus o seu Filho, nascido de uma mulher" (**Gl 4,4-5**).

Está amplamente demonstrado, por meio da Bíblia, que Maria é mãe do Filho de Deus. Só não entende quem não quer entender.

Quem não respeita Maria está contra a Bíblia

a) Um anjo do céu se apresentou diante de Maria e com muito respeito a saudou: "Ave, cheia de graça!" (**Lc 1,28**). Será que os que não gostam de Maria são mais perfeitos do que os anjos?

b) Isabel, cheia do Espírito Santo, gritou, ao ver Maria: "Bendita és tu entre as mulheres!" (Lc 1,42). Só os que não estão iluminados pelo Espírito Santo não declaram Maria "bendita entre as mulheres". Quem tem Deus reconhece que Maria é "bendita entre as mulheres".

c) E Maria disse: "Desde este momento todas as gerações me chamarão de bem-aventurada" (Lc 1,48). São palavras da Bíblia, escritas na Bíblia, Palavras de Deus. Os que honram, amam, imitam Maria, cumprem a Palavra de Deus. Os que não amam, não honram e não imitam Maria estão contra a Bíblia, não praticam a Palavra de Deus.

Conclusão

Maria é a mãe do Corpo Místico de Cristo, a Igreja. É nossa mãe também. E quem tem mãe vive despreocupado, alegre e com segurança. Quem não tem mãe vive triste, preocupado, sem segurança, porque é órfão.

"Maria não vela apenas pela Igreja. Tem um coração tão grande quanto o mundo e intercede ante o Senhor da história por todos os povos. Isto bem registra a fé popular que põe nas mãos de Maria, como Rainha e Mãe, o destino de nossas nações" (Puebla n. 289).

"A devoção a Maria é fonte de vida cristã profunda, é fonte de compromisso com Deus e com os irmãos. Permanecei na escola de Maria, escutai sua voz, segui os seus exemplos.

Como ouvimos no Evangelho ela nos orienta para Jesus. "Fazei o que Ele vos disser" (Jo 2,5).

E, como outrora em Caná da Galileia, encaminha ao Filho as dificuldades dos homens, obtendo dele as graças desejadas. Rezemos com Maria e por Maria: Ela é sempre a "Mãe de Deus e nossa" (Papa João Paulo II em Aparecida).

Para refletir e responder

– Fulano diz que é seu amigo, mas não gosta de sua mãe. Você o aceita como amigo?

– Os que não amam a Maria terão coragem de dizer a Jesus que o amam?

11ª lição

Jesus é o único filho de Maria

Maria foi virgem antes, durante e depois do parto. Esta verdade é ensinada na Igreja desde o início, porque se encontra na Bíblia e na Tradição. Foi definida pelo V Concílio de Constantinopla, em 553. Maria é a criatura mais perfeita, pura e sublime. Porque Jesus escolheu sua mãe antes de nascer entre nós, é claro que a escolheu perfeita, santa e imaculada. Há muitos que não gostam destas verdades lindas e, por isso, procuram por todos os meios rebaixar Maria. Mas não conseguem. O gesto de Jesus é sublime demais em escolher uma mãe sublime. Afinal, Ele merecia uma Mãe perfeita.

Posições: A Igreja ensina que Maria foi virgem antes, durante e depois do parto. Protestantes: Maria, depois de Jesus, teve outros filhos.

Maria teve um só filho: Jesus Cristo

Os que dizem que Maria teve outros filhos se baseiam nestas palavras de Marcos: "Por acaso, não é ele o carpinteiro, filho de Maria, e irmão de Tiago, José, Judas e Simão?" (**Mc 6,3**). E também em **Lc 8,19**.

Explicação: A palavra irmão, aqui, tem o significado de "primo ou parente próximo", pois a língua hebraica não possui a palavra “primo”. No lugar de primo ou parente próximo usa-se sempre a palavra “irmão”.

– Quem eram Tiago, José, Judas e Simão?

Explicação: a mãe de Jesus tinha uma prima ou parenta que se chamava também Maria, casada com Cléofas.

– De fato lemos na Bíblia: “perto da cruz de Jesus permanecia de pé sua mãe, a irmã de sua mãe, Maria, mulher de Cléofas” (**Jo 19,25**).

– Tiago e José eram filhos de Cléofas com a parenta de Nossa Senhora, que se chamava Maria. De fato, lemos: “Entre elas se achavam Maria Madalena e Maria, a mãe de Tiago e José” (**Mt 27,56**).

– Judas era irmão de Tiago. De fato lemos: “Judas, irmão de Tiago” (**Jd 1** e **Lc 6,16**).

– Logicamente todos eles eram primos de Jesus, ou parentes próximos. Como também Simão, pelo mesmo motivo.

Há muitos exemplos na Bíblia em que os parentes próximos são chamados de irmãos:

“Disse Abraão a Lot: Peço-te que não haja rixas, pois somos irmãos” (**Gn 13,8**) – Abraão não era irmão de Lot, mas tio.

“Eleazar morreu e não teve filhos, mas filhas, e estas se casaram com os filhos de Cis, seus irmãos” (**1Cr 23,22**) – as filhas de Eleazar eram primas dos filhos de Cis.

Ver também **Ex 2,11**; **Mt 23,8**; **5,21-22**; **1Cor 15,6**. “A partir daquele momento o discípulo levou-a para sua casa” (**Jo 19, 26-27**) – Jesus no calvário entregou sua mãe a João, o evangelista; se Maria tivesse tido outros filhos, teria ficado com eles.

“Maria deu à luz seu filho primogênito” (**Lc 2,7**) – essa palavra “primogênito” tem simplesmente valor legal para os judeus, pois todo primogênito devia ser apresentado ao templo para ser consagrado a Deus (**Ex 13,1; 34,19**). Há poucos anos foi descoberta uma inscrição num sepulcro do tempo de Jesus em que a falecida, uma certa Arsinoé, morreu ao dar à luz o seu "primogênito".

Conclusão

Todas as dificuldades estão elucidadas. Sim, Maria foi virgem antes, durante e depois do parto. "O Senhor mesmo vos dará um sinal: Eis a Virgem que concebe e dá à luz um filho ao qual dará o nome de Emanuel" (**Is 7,14; Lc 1,31**). Maria foi profetizada, foi escolhida, foi predestinada. É a criatura mais perfeita da nossa raça humana, porque é a Mãe de Jesus, a toda pura.

"Ela (Maria) nos ensina que a virgindade é uma entrega exclusiva a Jesus Cristo, em que a fé, a pobreza e a obediência ao Senhor se tornam fecundas pela ação do Espírito" (Puebla n. 294).

Para refletir e responder

– Se você tivesse tido a sorte de escolher a mãe antes de nascer, como a teria escolhido?

– Quem teve a sorte de escolher a mãe antes de nascer entre nós? Como a escolheu?

12ª lição

Espiritismo

O Espiritismo divide-se em diversas espécies, conforme sua origem: kardecista, umbanda, macumba, candomblé etc. Porém em toda espécie de espiritismo ensina-se que os homens podem se comunicar com os espíritos dos mortos e em quase todas se pratica magia, adivinhação, despachos, feitiçarias. *Todas essas práticas são abomináveis e Deus castiga severamente.* Eis as palavras de Deus a respeito:

"Não se achará no meio de ti quem pratique a adivinhação, o sortilégio ou agouro, a magia, o espiritismo, a evocação dos mortos, porque todo homem que fizer tais coisas constitui uma abominação para o Senhor" (**Dt 18,9-14**).

"Se uma pessoa recorrer aos espíritas, advinhos, para andar atrás deles, voltarei minha face contra essa pessoa e a exterminarei do meio do seu povo. Qualquer mulher ou homem que evocar os espíritos ou fizer adivinhação será punido de morte" (**Lv 20,6.27; Is 44,24-25**).

"Morreu Saul porque se tornara culpado de infidelidade para com o Senhor, pois transgredira a ordem do Senhor e evocara o espírito para consultá-lo, mas não consultara o Senhor, por isso o Senhor o fez morrer" (**1Cr 10,13-14**).

Adivinhação e feitiçaria

"O homem não conhece o futuro" (**Ecl 10,14**).

"O Senhor falou a Moisés: Não praticareis adivinhações nem sortilégios" (**Lv 19,26**).

"Não deixarás viver nenhuma feiticeira" (**Ex 22,18**).

Ver também: **Jr 29,8; Os 4,12; At 8,9-11; 16,16-18; At 13,4-12**.

Astrologia, horóscopo, feitiço, despacho, praga etc., são todos formas de superstição que humilham a razão do ser humano. O ser humano, feito à imagem de Deus, livre, espiritual, capaz de realizar grandes coisas, quando se rebaixa a acreditar na superstição, rebaixa também sua capacidade de pensar, refletir, raciocinar e se entrega ao medo e à autodestruição.

Por causa de sua fraqueza de mente e de espírito, certas pessoas se autossugestionam, negativamente, e se prejudicam sozinhas.

Caminho certo

Para curar nossos males, angústias, vazios, medos e qualquer espécie de problemas, temos que recorrer a Cristo Jesus com fé grande e total: "Vinde a mim, vós que estais cansados e aflitos, e eu vos aliviarei!" Pela oração, o cristão se coloca diretamente em contato com Deus. E Deus é bom, compreensivo. É Pai. É nele que encontraremos a cura de todos os nossos males. Qualquer outro caminho, para um cristão, é errado, e Deus o castiga, como vimos anteriormente.

Conclusão sobre o espiritismo

Palavras de um estudioso. "O Espiritismo não pode ser levado mais a sério por ninguém, a não ser que o indivíduo queira passar por ignorante ou, pior, queira agir de má-fé para iludir os incautos. Aí, então, será responsável perante Deus e a sociedade pelo mal que causar e pelo desrespeito ao direito inalienável da pessoa humana como é: o direito à verdade" (Albino Aresi, *O homem total*, 13ª edição, p. 254, livro que aconselhamos ao leitor para aprofundar seus conhecimentos sobre essas crendices supersticiosas, como astrologia, magia, despachos, horóscopos, feitiço, cartomancia etc.).

Para refletir e responder

– *O espiritismo é paganismo. Pode-se conciliar paganismo com cristianismo?*

– *Que dizer de um cristão que frequenta o espiritismo?*

13ª lição

A reencarnação é completamente contrária à Bíblia e à Ciência

A reencarnação é ponto doutrinário básico e fundamental de quase toda espécie de espiritismo: kardecismo, umbanda, candomblé etc.

Definição de reencarnação: é a teoria que ensina que as almas dos que morrem deverão voltar a se reencarnar em outros corpos para se purificarem dos pecados cometidos. Deverão reencarnar-se muitas vezes, até que sejam purificadas e cheguem assim à felicidade.

A reencarnação é totalmente contrária à Bíblia e a Cristo

Demonstração:

a) "Está estabelecido para os homens que morram uma só vez e depois disso haverá o juízo" (**Hb 9,27**). Nestas palavras não há dúvida. Morre-se uma só vez. É a Palavra Divina. Quem acredita na Palavra de Deus deve absolutamente recusar a reencarnação.

b) "Jesus respondeu ao bom ladrão: Em verdade te digo: hoje estarás comigo no paraíso" (**Lc 23,43**). Era um ladrão e assassino. Pela lógica reencarnacionista devia reencarnar várias vezes para pagar seus pecados. Mas Jesus lhe diz: "Hoje estarás comigo no paraíso". Não há reencarnação!

c) "Teremos que comparecer diante do tribunal de Cristo. Ali cada um receberá o que mereceu, conforme o bem ou o mal que tiver feito enquanto estava no corpo" (**2Cor 5,10**). Esta também é Palavra de Deus e nega que haja alguma reencarnação.

Admitir a reencarnação é negar totalmente Cristo e sua redenção

Demonstração: é dogma fundamental do cristianismo que Jesus:

1º) veio ao mundo para nos salvar;

2º) salvou-nos pela sua paixão e morte na cruz.

3º) *Quem tem fé em Jesus e pratica o bem está salvo*. Se uma pessoa, ao morrer, para se purificar dos seus pecados, deve reencarnar, de que valeu a morte de Jesus?

De que valeu a vinda de Jesus ao mundo? Segundo os espíritas, de nada. Mas não é assim. Jesus veio ao mundo para nos salvar. E a reencarnação é pura invenção dos que não conhecem Cristo. Quem acredita na reencarnação se torna inimigo de Cristo, pois nega toda a obra de amor e de redenção por Ele realizada a favor de toda a humanidade. Quem acredita na reencarnação não é cristão, mas pagão.

"O sangue de Jesus Cristo nos purifica de todo pecado" (**1Jo 1,7**). Mais claro do que assim é impossível. Ver também: **1Cor 15,12-19; Jo 5,28-29; Ap 5,12-13**.

Conclusão geral sobre o espiritismo

O espiritismo é uma grande contradição. De fato os espíritas latinos, seguindo Allan Kardec, acreditam e ensinam que a reencarnação é uma "necessidade" da vida espírita. E que a reencarnação é revelada pelos espíritos.

Acontece que os espíritas da Alemanha, Holanda, Inglaterra, Estados Unidos, quase em bloco, negam a reencarnação. E negam porque os espíritos quando baixam disseram que não há reencarnação. E agora? Quem tem razão? Todo espiritismo é uma grande contradição.

Um famoso espírita, conhecido no mundo todo, no congresso internacional de Liège, sobre espiritismo, disse: "Posso dizer que a reencarnação tal como tem sido exposta até agora não passa de teoria boba para crianças de escola primária" (A. Dragon).

O que nos interessa agora é esclarecer bem as coisas, sobretudo para os cristãos que às vezes são enganados pelas aparências dentro do espiritismo.

O Deus da Igreja e o Deus do Espiritismo

Palavras de Allan Kardec: "Todo pecado cometido é uma dívida contraída, que deve ser paga numa ou outra reencarnação".

Aqui, neste espiritismo, não há lugar para o perdão, para a bondade de Deus. Não há lugar para Jesus Cristo, que veio na terra para perdoar nossos pecados.

Para que não se tenham dúvidas, vamos citar as palavras de outro espírita brasileiro, considerado suma autoridade pelos seus seguidores, Carlos Imbassay de Mello: "Nem o sangue de um Deus pode redimir os pecados".

Estas palavras constituem a negação total de Cristo Jesus e de toda sua obra de redenção. Estas palavras atingem Deus na sua essência.

Todo cristão sabe que Deus é amor total. E por isso é também perdão total.

Um Deus que não sabe perdoar não é Deus. Negar a Deus a capacidade de perdoar é negar-lhe toda a sua essência.

Por isso, em linha teórica, o espiritismo nega Deus na sua verdadeira essência, que é a bondade, amor, perdão. O Deus dos espíritas é um Deus longe, incapaz de perdoar, um Deus que não se interessa por nós. Um Deus calculista, vingador, um Deus pagão. Mas este Deus não existe. Eu não acredito neste Deus.

Eu prefiro o meu Deus que é amor, perdão, compreensão, bondade e misericórdia.

Eu prefiro o Deus dos profetas, dos apóstolos, dos Santos Padres, da Bíblia, de todos os santos. Prefiro o meu Deus de minha Igreja Católica. Um Deus que é Pai.

Jesus nos ensinou a rezar assim: "Pai nosso... *Perdoai-nos as nossas ofensas...*"

Aqui temos que fazer uma escolha entre o espiritismo e Cristo. O espiritismo ensina que não há perdão, que Jesus e Deus não têm capacidade de perdoar. Ao mesmo tempo Jesus nos ensina na oração a pedir perdão a Deus. Quem tem razão? Eu fico do lado de Cristo, porque Ele me ama, morreu por mim, ressuscitou e é a Verdade em pessoa.

E também sei por experiência que Deus perdoa os meus erros quando, arrependido, lhe peço perdão. Que todos saibam, os angustiados, os que precisam de compreensão e de perdão, onde encontrar o verdadeiro Deus que ama e perdoa. E dá a paz.

Para refletir e responder

– Qual a diferença entre o Deus do espiritismo e o Deus da Bíblia?

– Quem acredita na reencarnação se torna pagão. Por quê?

– O espiritismo ensina que Deus é incapaz de perdoar. Então, que veio fazer Jesus no mundo? Por que morreu?

14ª lição

Por que rezar pelos mortos?

A palavra *purgatório* não se encontra na Escritura Sagrada. Existe a sua realidade no Antigo e no Novo Testamento e na Tradição.

Definição de purgatório: é um estado transitório de purificação. É o estágio em que as almas dos justos completam a purificação de suas penas devidas pelos pecados já perdoados, antes de entrar no céu.

A existência do purgatório se prova pela Bíblia, pela Tradição e pela razão:

Na Bíblia

a) Os soldados judeus rezavam pelos seus mortos na guerra, para que os seus pecados fossem perdoados.

"E puseram-se em oração para implorar-lhe o perdão completo do pecado cometido" (**2Mc 12,42**) – os soldados mortos em combate foram encontrados segurando nas mãos objetos consagrados aos ídolos.

"Em seguida (Judas Macabeu) fez uma coleta, enviando a Jerusalém cerca de 10 mil dracmas para que se oferecesse um sacrifício pelos pecados" (**2Mc 12,43-46**) – Judas Macabeu e seus soldados estavam profundamente convencidos de que podiam libertar dos pecados os seus amigos mortos através das orações e dos sacrifícios.

Observação: os protestantes, para negar a existência do purgatório, dizem que os livros dos Macabeus não são inspirados. Este é um sistema por demais simplório, pois nenhum protestante tem condições de dizer quais são os livros inspirados e quais não são: sabemos isso só através da Tradição e por meio da infalibilidade da Igreja de Jesus.

b) "Todo o que falar contra o Filho do Homem será perdoado. Se, porém, falar contra o Espírito Santo, não alcançará perdão nem neste mundo nem no que há de vir" (**Mt 12,31-32**).

– Aqui Jesus admite a possibilidade de que as penas dos pecados podem ser perdoadas depois da morte.

c) "Se a obra de alguém se extinguir, sofrerá a perda. Ele mesmo, porém, será salvo, mas passando de qualquer maneira pelo fogo" (**1Cor 3,15**). – Aqui S. Paulo admite claramente que aquele cujas obras forem imperfeitas no momento da morte se salvará, mas primeiro deverá passar pelo purgatório para se purificar.

O purgatório na Tradição

Toda a Tradição, os túmulos, as catacumbas, a doutrina dos primeiros Padres da Igreja atestam a existência do purgatório:

"Uma vez por ano oferecemos os sacrifícios pelos mortos, como se fosse o seu dia de aniversário" (Tertuliano, 160-240).

"Deus do meu coração, te peço pelos pecados de minha mãe" (Santo Agostinho, livro 9, cap. 13).

Nos túmulos dos primeiros cristãos lê-se até hoje: Lembrai-vos de nós nas vossas orações, nós que morremos antes de vós.

A razão demonstra a existência do purgatório

"Nada de impuro ou manchado pode entrar no céu" (**Is 35,8**; **Sb 7,25**; **Ap 21,27**). Se uma pessoa morre em pecado venial, não pode ir para o inferno, mas também não pode ir direto para o céu, pois "nada de impuro pode entrar na Jerusalém Celeste" (**Ap 21,27**). É claro que deve existir um estado intermediário em que as almas dos mortos possam se purificar e depois subir para a glória de Deus, para gozá-lo eternamente, face a face: é o purgatório.

Conclusão

Continuemos rezando pelos nossos mortos, pedindo a Deus que lhes dê descanso e paz eterna. É o melhor que podemos fazer por aqueles que nos ensinaram muitas coisas na vida.

Para refletir e responder

– *De que modo podemos ajudar as almas do purgatório?*

– *Qual a melhor maneira de demonstrar nossa amizade e nosso afeto para com os mortos?*

15ª lição

Por que batizar as crianças?

Quase todas as seitas protestantes não batizam as crianças porque, dizem eles, é contrário à Bíblia. Além disso (continuam os mesmos), para ser batizado é preciso se arrepender dos pecados, e as crianças não têm condições de se arrepender.

Doutrina católica

Batizar as crianças é conforme a Bíblia, de fato.

a) O batismo nos torna filhos de Deus e herdeiros do céu: "Quem crer e for batizado, será salvo"; "Quem não renasce da água e do Espírito Santo, não pode entrar no Reino dos Céus" (**Jo 3,5**). *As crianças também têm direito de tornar-se filhos de Deus!* Quem pode tirar este direito às crianças?

b) As crianças recém-nascidas não têm nenhum pecado atual, por isso não é preciso nenhum arrependimento para serem batizadas. O arrependimento só é necessário para os adultos, capazes de pecar.

c) Jesus disse: "Ide, pois, ensinai todas as gentes, batizando-as em nome do Pai, do Filho e do Espírito Santo" (**Mt 28,19; Mc 16,16**). Jesus diz: batizai todas as gentes. Será que para os protestantes criança não é gente?

d) As crianças são batizadas na fé dos pais. Os pais é que devem desenvolver a fé dos seus filhos que foram batizados, educando-os nessa fé.

Batizar as crianças é uma tradição conforme a Bíblia

Nos Atos dos Apóstolos, lê-se que estes batizavam famílias inteiras. Ora, nas famílias há sempre crianças:

a) "Então, naquela mesma hora da noite, ele cuidou deles e lavou-lhes as chagas. Imediatamente foi batizado, ele e toda a sua família" (**At 16,32-33**). – As crianças também fazem parte da família.

b) Lídia, vendedora de púrpura, "foi batizada juntamente com toda a sua família" (**At 16,14-15**).

c) "Batizei também a família de Estéfanas" (**1Cor 1,16**).

Nessas três vezes em que os apóstolos batizaram, eles o fizeram por infusão e não por imersão, pois não havia nem rios nem riachos, estavam em casa ou no cárcere.

Desde os tempos dos apóstolos batizavam-se crianças

a) S. Ireneu (140-205) diz: "Jesus veio salvar todos os que através dele nasceram de novo de Deus: os recém-nascidos, os meninos, os jovens e os velhos" (Adv. Haer, livro 2).

b) Orígenes (185-255): "A Igreja recebeu dos apóstolos a tradição de dar o batismo também aos recém-nascidos" (Epist. ad Rom., livro 5,9).

c) S. Cipriano (258): "Do batismo e da graça não devemos afastar as crianças" (Carta a Fido).

d) Em relação ao batismo das crianças, S. Agostinho diz: "Isto a Igreja sempre teve, sempre tem conservado e conservará até o fim" (Sermão II, *De Verb. Apost.*).

Conclusão

Em uma localidade da roça, um padre estava batizando 40 crianças na frente da igreja. Um pastor estava olhando do lado oposto da praça, com a Bíblia, e disse a um jovem: "Fala com o padre. Se encontrar na Bíblia onde está escrito de batizar as crianças, vou lhe dar um milhão". O padre mandou de volta o jovem: "Se o pastor me encontrar na Bíblia onde está escrito que só se deve batizar os adultos, dou-lhe 10 milhões". O pastor sumiu, todo vermelho. Criança é gente como a gente. Tem direito de se tornar filho de Deus. Aos pais e padrinhos cabe o dever de ajudar as crianças a crescerem como filhos de Deus.

Para refletir e responder

– *Diga as qualidades que você gostaria de encontrar no padrinho de seus filhos.*

– *Por que um ateu, um macumbeiro ou um protestante não podem ser padrinhos?*

PARTE III

A verdadeira Igreja de Jesus Cristo

16ª lição

Origem da Igreja de Jesus – origem do povo de Deus

Deus criou o homem e a mulher para a felicidade (**Gn 2,8**). Deus criou os primeiros homens à sua imagem e semelhança (**Gn 1,26**).

Semelhança do homem com Deus: Deus é puríssimo Espírito, Deus é Pai, Deus é Amor. Em todo ser humano há como que um vestígio, um rastro desses atributos de Deus.

Deus é Uno e Trino: Uno na essência divina. Trino nas pessoas. Em Deus então há família, há comunidade, há comunhão infinita de bens infinitos.

Quebra do plano de Deus

Deus impõe ao homem uma condição. Como Criador e Senhor, Deus podia fazê-lo e o fez. Esta condição é a *submissão do ser humano a Deus, seu Criador e Senhor*. Eis a condição: "Podes comer do fruto de todas as árvores do jardim, mas não comas do fruto da árvore da ciência do bem e do mal, porque no dia em que dele comeres morrerás indubitavelmente" (**Gn 2,16-17**). Com esta condição Deus quer que o homem o reconheça como único Criador e Senhor. Qual foi exatamente o conteúdo da condição, ninguém sabe.

Falha do homem

O homem não se submeteu a Deus. Não obedeceu. Rebelou-se. Foi o orgulho e egoísmo dos primeiros homens que causou a queda e a rebelião contra Deus, com suas tristes consequências para toda a humanidade (**Gn** 3,1-20).

Consequências da rebelião do homem contra Deus

A rebelião dos primeiros pais chama-se pecado original. Eis as consequências deste pecado:

– Foram afastados da intimidade com o Criador: "O Senhor Deus expulsou-os do Jardim do Éden" (**Gn** 3,23).

– Veio o isolamento, a tristeza, o suor, a morte. Começou a corrida da humanidade para o abismo.

– Caim matou seu irmão Abel. Foi o primeiro fratricídio (**Gn** 4,8).

– O dilúvio, castigo de Deus pelas aberrações da humanidade (**Gn** 6,5-22; 7,1-24).

– Sodoma e Gomorra foram destruídas pelo fogo (**Gn** 19,23-25).

– Confusão na Torre de Babel (**Gn** 11,1-9).

– Guerras, ódios, confusões, medos...

É a consequência da falta de submissão a Deus Criador e Senhor. É a consequência do pecado de rebelião contra Deus. É o afastamento da criatura de seu Criador.

Conclusão

O inferno é a eternização deste estado de afastamento de Deus. O inferno é a falta de submissão a Deus Criador. O inferno é o eterno isolamento, o eterno afastamento, a eterna solidão. É a eterna falta de Deus, que é Pai e Amor.

Para refletir e responder

– *Que é pecado original?*

– *Dê, com suas palavras, a definição de pecado e de inferno.*

17ª lição

A reconstrução

Deus, na sua infinita bondade e inteligência, não abandonou a humanidade à deriva de seu egoísmo e de seu orgulho, mas desde a queda da humanidade estendeu-lhe sua mão poderosa para erguer os homens, fazendo com eles diversas alianças, até selar eternamente a sua Aliança com a humanidade por meio do sangue de seu Filho Jesus Cristo.

Promessas e alianças de Deus no Antigo Testamento

a) Promessa de Deus de que mandará um Salvador:

"Porei inimizade entre ti e a mulher, disse à serpente, entre a tua descendência e a dela. Esta te ferirá a cabeça" (**Gn 3,15**). Da segunda Eva, Maria, nasce Jesus Cristo, o Filho de Deus, que é o grande restaurador da ordem primitiva da graça.

b) Deus fez aliança com Noé. O arco-íris foi o sinal desta aliança:

"Ponho o meu arco-íris nas nuvens para que seja o sinal da aliança entre mim e a terra" (**Gn 9,12-13**).

c) Aliança de Deus com Abraão:

"Farei de ti um grande povo, multiplicarei tua descendência como o pó da terra" (**Gn 12,13; 14,16**).

d) Deus selou a antiga aliança com seu povo por meio de Moisés:

"Moisés tomou do sangue, aspergiu com ele o povo e disse: Eis o sangue da aliança que o Senhor fez convosco, sob todas estas palavras" (**Ex 24,8; Hb 9,20**).

e) Estes pactos, estas alianças antigas, eram apenas uma preparação para a única e eterna Aliança, selada com o sangue de Cristo. De fato, Deus, através de Jeremias, já havia anunciado esta Nova Aliança:

"Eis que virão dias, diz o Senhor, em que eu concluirei com a casa de Israel e com a casa de Judá um pacto novo, não como o pacto que fiz com seus pais" (**Jr 31,31-34**).

A nova e eterna aliança de Deus com o novo povo

a) "E o Verbo se fez carne e habitou entre nós" (**Jo 1,14-17**). O *Verbo* é Jesus Cristo, o Filho de Deus, que se fez carne e derramou seu sangue para a nossa redenção. É com este sangue que se assinou para sempre o tratado de amizade entre Deus e a nova humanidade, que nasceu lavada e batizada neste sangue divino.

b) "Em Cristo, pelo seu sangue, temos a redenção, a remissão dos pecados" (**Ef 1,7**).

c) "Tomou depois o cálice, deu graças e o passou, dizendo: Bebei todos dele, porque isto é o meu sangue, o sangue da Aliança, derramado por muitos em remissão dos pecados" (**Mt 26,26-28; Mc 14,22-24**).

d) "O sangue da Aliança derramado por muitos..." – De fato, Jesus derramou seu sangue divino até a última gota no Calvário. Mas aquele sangue caído no chão poeirento do Calvário fez brotar, deu origem a uma nova humanidade, a um novo povo, o Povo de Deus, batizado, lavado naquele sangue. *Este novo povo é a Igreja de Jesus Cristo.*

Conclusão

Todo homem batizado é membro do novo Povo de Deus, a Igreja. Entre Deus e a Igreja há um pacto, uma aliança. Esta Aliança é eterna e infinita, pois foi assinada com o sangue de Jesus. Pense você, cristão, o quanto vale e quanto custou ao Pai o sangue de seu Filho! Obrigado, Senhor!

Para refletir e responder

– *O arco-íris é sinal de quê?*

– *Por que a Nova Aliança é eterna e infinita?*

18ª lição

Nomes e conceito da verdadeira Igreja de Jesus

Ecclesia: é palavra grega que significa união, reunião, assembleia religiosa do Povo de Deus. Nos primeiros séculos do cristianismo, Igreja significava reunião dos fiéis para celebrar os "mistérios", isto é, a Santa Missa. Depois do século IV a palavra igreja passou a indicar também o edifício onde os fiéis se reúnem para celebrar os "mistérios" ou santo sacrifício da missa.

Nomes da Igreja que se encontram na Bíblia:

– Povo de Deus (**At 3,25-26**).

– Reino de Deus (**At 20,28; Gl 3,27; Mt 13,23-30; Cl 3,11**).

– Jerusalém Celeste (**Gl 4,22-27**).

– Esposa de Cristo (**Ef 5,23-25; 2Cor 11,2**).

– Corpo de Cristo (**At 4,11; Mt 16,18**).

– Casa de Deus (**1Tm 3,15; Hb 3,5-6; 1Pd 4,17**).

– Templo de Deus (**1Cor 3,16**).

Outros nomes: Corpo Místico de Cristo – a Igreja é Cristo continuado na história – a Igreja é Sacramento da Salvação.

Conceito de Igreja

A Igreja de Jesus Cristo é o Povo de Deus em marcha para a casa do Pai. Fazem parte do Povo de Deus os que são batizados. O batismo nos transforma em filhos adotivos de Deus, pois nos comunica a vida de Deus participada. Esta vida divina chama-se *Graça*.

Visão integral da Igreja de Jesus

A Igreja de Jesus, na sua totalidade, abrange três estágios:

1. *Igreja triunfante*: formada por todos os que já alcançaram a Casa do Pai e gozam do amor de Deus face a face.

2. *Igreja padecente*: formada por todos os que estão se purificando no purgatório antes de entrar na glória do céu.

3. *Igreja militante*: formada por todos os batizados que ainda labutam neste mundo na prática do bem e dos ensinamentos do fundador, Cristo Jesus.

Igreja visível e Igreja invisível – alma e corpo da Igreja

A Igreja de Jesus compõe-se de dois elementos bem distintos: *Elemento visível ou corpo da Igreja*: formado pelas pessoas que professam a mesma fé, recebem os mesmos sacramentos e obedecem a mesma e única autoridade, o papa. Estes são os católicos. Formam a única e autêntica Igreja fundada por Jesus Cristo. Não fazem parte desta Igreja todos os que não são católicos ou que não obedecem à autoridade do Vigário de Cristo, o papa.

Elemento invisível ou alma da Igreja: formado por todos os que são batizados validamente, que vivem em graça, isto é, na amizade íntima com Deus, e por todos os que receberam a graça da redenção por meios extraordinários que a Deus não faltam, pois Deus não pode afastar de si as pessoas retas que vivem conforme sua consciência ou de acordo com a lei natural, mas que estão fora ou longe de qualquer contato com a doutrina da salvação.

Conclusão

Se você pertence à única e verdadeira Igreja de Jesus, a Igreja Católica, sinta-se feliz e agradeça a Deus, pois está como que dentro daquele Navio Divino que, infalivelmente, alcançará o Porto da Eternidade.

Para refletir e responder

– *O que você entende por Igreja?*

– *Quem pertence à alma da Igreja?*

19ª lição

A Igreja segundo o Concílio Vaticano II

Reportamo-nos aqui ao n. 8 da *Lumen Gentium*, que admiravelmente define na sua totalidade o mistério da Igreja:

"O único Mediador Cristo constituiu e incessantemente sustenta aqui na terra sua santa Igreja, comunidade de fé, esperança e caridade, como organismo visível pelo qual difunde a verdade e a graça a todos. Mas a sociedade provida de órgãos hierárquicos e o corpo místico de Cristo, a assembleia visível e a comunidade espiritual, a Igreja terrestre e a Igreja enriquecida de bens celestes, não devem ser considerados duas coisas, mas formam uma só realidade complexa em que se funde o elemento divino e humano... Esta é a única Igreja de Cristo que no Símbolo confessamos una, santa, católica e apostólica; que nosso Salvador depois de sua ressurreição entregou a Pedro para apascentar (**Jo 21,17**) e confiou a ele e aos demais apóstolos para propagar e reger (cf. **Mt 28,18**), levantando-a para sempre como 'coluna e fundamento da verdade' (**1Tm 3,15**). Esta Igreja, constituída e organizada neste mundo como uma sociedade, subsiste na Igreja Católica governada pelo sucessor de Pedro e pelos bispos em comunhão com ele, embora fora de sua visível abertura se encontrem vários elementos de santificação e verdade".

Segundo o Concílio, a Igreja é formada de dois elementos:

1. O elemento *divino*: é a doutrina santa e infalível de Jesus Cristo e os sacramentos, que comunicam ao elemento humano a vida divina para santificá-lo.

2. O elemento *humano*: são as pessoas batizadas, sujeitas ainda a muitas misérias e pecados, perigos e fragilidades. Somos nós mesmos, que, porém, por meio do elemento divino (doutrina e sacramentos), somos transformados em filhos adotivos de Deus e irmãos em Jesus Cristo, através da graça. Assim constituímos a *Igreja – Povo Santo de Deus*.

A Igreja de Jesus Cristo é, então, a união destes dois elementos essenciais. Por isso, a *Igreja de Jesus é*:

– *Santa e pecadora*: santa na doutrina e nos sacramentos; pecadora nos seus membros.

– *Infalível e falível*: infalível na doutrina e falível nos membros.

– *Invencível e vencível*.

– *Eterna e no tempo*.

Conclusão

A Igreja é Cristo continuado na história e no tempo para salvar os homens de toda época e de toda raça. Eu, você, somos Igreja, somos o Cristo continuado no nosso tempo, no nosso dia, no nosso espaço, na nossa comunidade. Temos que nos preocupar com a salvação do irmão.

Para refletir e responder

– *Você é elemento humano ou divino da Igreja?*

– *Por que a Igreja é santa e pecadora?*

20ª lição

Jesus começa a fundação de sua Igreja – nasce o novo povo

Com a idade de 30 anos, Jesus saiu de casa e começou a revelar com palavras e atos que Ele era o Filho de Deus. A primeira coisa que fez foi formar um grupo de amigos. Chamou um por um pelo nome: Pedro, João, Tiago, André, Judas... Formou um grupinho bem entrosado. Começou a instruí-los e a *ensinar-lhes* as coisas de seu Pai. Foi uma verdadeira escola que durou cerca de três anos. Começou chamando-os de amigos e, depois, de irmãos. Com este grupo, Jesus começou um novo estilo de vida: *a vida em comunidade*. É como uma nova família. Todos se entendem, se amam, se ajudam, rezam juntos... *É a Igreja que começa.* E o Novo Povo de Deus que começa. Dentro desse grupo, escolheu um chefe, Pedro, ao qual deu poderes especiais, uma autoridade especial sobre os outros.

Abramos a Bíblia:

Jesus chamou um por um

"Caminhando junto ao Mar da Galileia, viu Simão e André, irmão de Simão. Lançavam as redes ao mar, pois eram pescadores. Disse-lhes Jesus: *Segui-me e eu vos farei pescadores de homens.* Imediatamente, deixando as redes, seguiram-no. Um pouco adiante, viu Tiago, filho de Zebedeu, e João, seu irmão, consertando as redes no barco. Logo os chamou, e eles, deixando o pai Zebedeu com os empregados, seguiram-no" (**Mc 1,16-20**).

"E tornou a sair para a beira-mar. Viu Levi, filho de Alfeu, sentado na coletoria de impostos, e lhe disse: Segue-me! Ele se levantou e o seguiu" (**Mc 2,13-14**).

"Depois disso, ele andava por cidades e aldeias, pregando e anunciando a Boa-Nova do Reino de Deus. Os doze o acompanhavam, assim como algumas mulheres que haviam sido curadas de espíritos malignos e doenças. Maria, chamada Madalena, da qual haviam saído sete demônios; Joana, mulher de Cuza, o procurador de Herodes; Susana e várias outras que o serviam com seus bens" (**Lc 8,1-3**).

"Subiu Jesus ao monte e chamou a si os que quis e eles foram para junto dele. E constituiu doze deles para andarem com Ele e para os mandar pregar e para que tivessem poder de expulsar os demônios" (**Mc 3,13-15; Mt 10,1-4; Lc 6,12-16**).

Jesus escolhe Pedro como chefe supremo do grupo, dando-lhe poderes sobre todos:

"Disse Jesus a Simão Pedro: Tu és Pedro e sobre esta pedra eu edificarei a minha Igreja, e as portas do inferno não prevalecerão contra ela, e eu te darei as chaves do Reino dos Céus. E tudo o que ligares na terra será ligado também nos céus" (**Mt 16,13-19**).

Conclusão

Está formado o grupo, a pequena comunidade. Esta comunidade tem um chefe que deverá resolver todos os problemas que surgirem entre eles. É o começo da Igreja. Jesus os formou, instruiu-os, deu-lhes os seus poderes e os mandou pelo mundo, dizendo: "Pregai o Evangelho a toda criatura" (**Mc 16,15**). Esta Igreja que Jesus fundou e que se espalhou no mundo inteiro e que atualmente é a maior organização do mundo é a Igreja Católica, única e autêntica, que através dos tempos, sem mudar sua doutrina, vive e continua pregando a Boa-Nova, batizando e fazendo de toda criatura um filho de Deus. Você, que pertence a esta Igreja, está trabalhando para o bem dela?

Para refletir e responder

– *Quando você começou a ser Igreja?*

– *Que diferença há entre ser Igreja e pertencer à Igreja?*

21ª lição

Jesus confere os grandes poderes à sua Igreja

Os grandes poderes que Jesus possuía, os conferiu aos apóstolos:

1. Poder de transformar o pão e o vinho em seu Corpo e Sangue, que é o Santo Sacrifício da Missa.

2. Poder de perdoar os pecados.

3. Poder de ensinar a sua doutrina, que é o Evangelho.

Jesus confere aos apóstolos o poder de celebrar a missa:

"Tomou o pão, deu graças, partiu-o e o distribuiu a eles, dizendo: Isto é o meu Corpo, que é dado por vós. Do mesmo modo, tomou também o cálice, depois de cear, dizendo: Este cálice é a nova aliança em meu Sangue, que é derramado por vós. *Fazei isto em memória de mim*" (**Lc 22,19-20**). Com estas últimas palavras Jesus confere aos apóstolos o poder de transformar o pão no seu corpo e o vinho no seu sangue e oferecer a Deus esse sacrifício. É a Santa Missa. Os apóstolos passaram este poder aos outros discípulos, e assim até nós. E nós temos Jesus na hóstia como alimento espiritual: "Estarei convosco até o fim dos séculos" (**Mt 28,19**). E Ele está vivo e verdadeiro como quando andava pela Palestina, pregando, consolando, curando e dando forças.

Jesus confere aos apóstolos o poder de perdoar os pecados:

"E Jesus disse de novo: A paz esteja convosco. Assim como o Pai me enviou, eu vos envio. Dito isto, soprou sobre eles e lhes disse: Recebei o Espírito Santo. Aqueles a quem perdoardes os pecados, lhes serão perdoados, e aqueles a quem os retiverdes, lhes serão retidos" (**Jo 20,19-23**). Este poder é igual àquele quando Jesus dizia aos pecadores: "Vai em paz, teus pecados te são perdoados!"

A Igreja é Cristo continuado na história. Este poder existe na Igreja de Jesus até hoje. As seitas que não têm este poder não são de Jesus.

Jesus confere o poder de pregar e ensinar:

"Foi-me dado todo o poder no céu e na terra. Ide, pois, ensinai todas as gentes, batizando-as em nome do Pai, do Filho e do Espírito Santo, ensinando-as a observar tudo o que vos mandei. E eis que estarei convosco todos os dias até o fim do mundo" (**Mt 28,16-20**; **Mc 16,14-20**). O poder de ensinar e pregar o Evangelho é um poder oficial que Ele entregou à Igreja oficialmente. É uma missão e um poder que só é conferido à Igreja e ninguém pode ter este direito, se não lhe for concedido pela Igreja de Jesus. Os que pregam o Evangelho sem ter recebido este poder geram confusão e anarquia, como acontece fora da Igreja de Jesus.

Antes de mandá-los pelo mundo, Jesus lhes promete o Espírito Santo para confirmá-los na sua missão:

"Eu pedirei ao Pai e Ele vos dará o outro Confortador, o Espírito Santo, e vos recordará tudo o que vos disse" (**Jo 14,16-17**).

O Espírito Santo desce sobre os apóstolos:

"De repente, veio do céu um ruído, como se soprasse um vento impetuoso, e encheu toda a casa onde estavam sentados. Apareceram-lhes, então, como que uma espécie de línguas de fogo que se repartiram e pousaram sobre cada um deles. E ficaram todos cheios do Espírito Santo" (**At 2,2-4**).

Conclusão

Assim preparados, instruídos, munidos dos poderes e cheios do Espírito Santo, os apóstolos foram pelo mundo pregando, batizando, ensinando, perdoando os pecados e celebrando os "mistérios" (a Santa Missa), construindo a Igreja, o novo Povo de Deus. Hoje esta Igreja está presente em todo recanto da terra. Os poderes de celebrar a missa, perdoar os pecados e pregar o Evangelho continuam sempre, mas só na Igreja Católica, porque é a única Igreja de Jesus.

Para refletir e responder

– As igrejas que não praticam a confissão são igrejas de Jesus? Por quê?

– Quais os poderes que Jesus conferiu à sua Igreja?

– Qualquer um pode pregar o Evangelho?

22ª lição

São Pedro é eleito chefe supremo da Igreja

S. Pedro recebeu de Jesus o poder supremo de jurisdição sobre toda a Igreja. Este poder, que se chama *Primado de Pedro*, abrange não só o poder de jurisdição nas verdades de fé e de moral, mas também na disciplina e no governo da Igreja toda.

Jesus muda o nome de Pedro:

"Jesus, fixando nele o olhar, disse: Tu és Simão, filho de João. Tu serás chamado Kefas, isto é, Pedro" (**Jo 1,42**).

Nota: Kefas, em grego, significa pedra dura, rochedo.

Jesus promete o primado a Pedro para dirigir a Igreja:

"E eu te digo que tu és Pedro, e sobre esta pedra eu edificarei a minha Igreja, e as portas do inferno não prevalecerão contra ela, e eu te darei as chaves do Reino dos Céus, e tudo o que ligares na terra será ligado também no céu, e tudo o que desligares na terra será desligado também no céu" (**Mt 16,13-19**).

Nota: estas palavras são dirigidas só a Pedro, que seria o detentor das chaves, isto é, o chefe supremo do Reino dos Céus aqui na terra, que é a Igreja.

Ter as chaves: símbolo de domínio, potência e poder.

Ligar e desligar: significa castigar e tirar o castigo, excomungar e tirar a excomunhão, declarar algo como lícito e como ilícito.

Sobre esta pedra: sobre a autoridade de Pedro será edificada a Igreja.

Jesus confere a Pedro o primado sobre toda a Igreja:

"Disse Jesus a Pedro: Simão, filho de João, tu me amas mais do que estes? Sim, Senhor. Tu sabes que eu te amo. Jesus lhe disse: Apascenta os meus cordeiros" (**Jo 21,15-17**). Por três vezes a mesma pergunta. Por três vezes a mesma resposta. Por três vezes a mesma investidura, a mesma conferição do poder: "*Apascenta os meus cordeiros, apascenta as minhas ovelhas*".

Nota: ovelhas e cordeiros são os cristãos, toda a Igreja de Jesus. Apascentar: significa governar, dirigir, defender, confirmar.

Depois que Jesus subiu aos céus, Pedro dirige e governa a Igreja:

– Preside e dirige a escolha de Matias para o lugar de Judas (**At 1,1-25**).

– É o primeiro a anunciar o Evangelho no dia de Pentecostes (**At 2,14**).

– Testemunha diante do sinédrio a mensagem de Cristo (**At 4,8**).

– Acolhe na Igreja o primeiro pagão, Cornélio (**At 10,1**).

– Fala primeiro no Concílio dos Apóstolos, em Jerusalém, e decide sobre a questão da circuncisão: "Então toda a assembleia silenciou" (**At 15,7-12**).

Os sucessores dos *apóstolos atestam claramente o primado de Pedro e aos seus sucessores*:

– Tertuliano: "A Igreja foi construída sobre Pedro".

– S. Cipriano: "Sobre um só foi construída a Igreja: Pedro".

– S. Ambrósio: "Onde há Pedro, aí há a Igreja de Jesus Cristo".

Conclusão

Toda nação deve ter um chefe supremo. Do contrário, haverá anarquia. Em toda entidade deve haver um dirigente, um diretor. Do contrário, haverá confusão, bagunça, falência. A Igreja de Jesus é a maior organização jamais vista na história. É o maior povo. Porque Pedro, nos seus sucessores, os papas, continua governando e dirigindo a Igreja.

Nas outras igrejas ou seitas não há Pedro, um cabeça. Daí, a divisão e confusão. Nas coisas criadas pelos homens sempre foi assim.

Para refletir e responder

– *Qual o significado das palavras ligar e desligar?*

– *Quem não obedece ao papa não obedece a Jesus. Por quê?*

23ª lição

Os papas são os sucessores de S. Pedro no governo da Igreja

O primado foi dado a Pedro, não como privilégio pessoal, mas para o "bem e para a unidade da Igreja. Já que a Igreja de Jesus durará até o fim dos tempos, é claro, é lógico, é natural que o primado também deverá durar enquanto durar a Igreja.

Pedro morreu. É claro e lógico que a sua missão de dirigir a Igreja devia passar para um sucessor, pois a Igreja continuou depois de Pedro, como continuará até o fim dos tempos. Os sucessores de Pedro são os papas.

O edifício da Igreja não poderá subsistir sem o fundamento que o rege. Jesus disse a Pedro: "Tu és Pedro e sobre esta pedra edificarei a minha Igreja!" Se a missão de Pedro de governar a Igreja desaparecer, logicamente desaparecerá também a Igreja. Mas isto é impossível. A Igreja é o rebanho de Cristo. Como pode subsistir este rebanho sem o seu Pastor?

Jesus fundou uma só Igreja. Foi una através dos séculos. É una agora. Será una amanhã e sempre. Uma só doutrina, uma só autoridade: Pedro.

Lista dos sucessores de S. Pedro – os papas, do início até hoje

1º S. Pedro	Galileia	67
2º S. Lino	Toscana	76
3º S. Anacleto	Roma	88
4º S. Clemente I	Roma	97
5º S. Evaristo	Grécia	105
6º S. Alexandre I	Roma	115
7º S. Sisto I	Roma	125
8º S. Telésforo	Grécia	136
9º S. Higino	Grécia	140
10º S. Pio I	Aquileia	155
11º S. Aniceto	Síria	166
12º S. Sotero	Campânia	175
13º S. Eleutério	Epiro	189
14º S. Vítor	África	199
15º S. Zeferino	Roma	217
16º S. Calisto I	Roma	222
17º S. Urbano I	Roma	230
18º S. Punciano	Roma	235
19º S. Antero	Grécia	236
20º S. Fabiano	Roma	250
21º S. Cornélio	Roma	253
22º S. Lúcio	Roma	254
23º S. Estêvão I	Roma	257
24º S. Sisto II	Grécia	258

25º S. Dionísio . . . . Roma 268

26º S. Félix I . . . . Roma 275

27º S. Eutiquiano . . . . Luni 283

28º S. Caio . . . . Dalmácia 296

29º S. Marcelino . . . . Roma 304

30º S. Marcelo I . . . . Roma 309

31º S. Eusébio . . . . Grécia 310

32º S. Melquíades . . . . África 314

33º S. Silvestre I . . . . Roma 335

34º S. Marcos . . . . Roma 336

35º S. Júlio . . . . Roma 352

36º Libério . . . . Roma 366

37º S. Dâmaso . . . . Espanha 384

38º S. Sirício . . . . Roma 399

39º S. Anastácio I . . . . Roma 401

40º S. Inocêncio I . . . . Itália 417

41º S. Zózimo . . . . Grécia 418

42º S. Bonifácio . . . . Roma 422

43º S. Celestino I . . . . Campânia 432

44º S. Sisto III . . . . Roma 440

45º S. Leão I (o Grande) . . . . Toscana 461

46º S. Hilário . . . . Sardenha 468

47º S. Simplício . . . . Tívoli 483

48º S. Félix III . . . . Roma 492

49º S. Gelásio I . . . . África 496

50º Anastácio II . . . . Roma 498

51º S. Símaco	Sardenha	514
52º S. Hormidas	Campânia	523
53º S. João I	Toscana	526
54º S. Félix IV	Samnio	530
55º Bonifácio II	Roma	532
56º João II	Roma	535
57º S. Agapito	Roma	536
58º S. Silvério	Campânia	537
59º Virgílio	Roma	555
60º Pelágio I	Roma	561
61º João III	Roma	574
62º Benedito I	Roma	579
63º Pelágio II	Roma	590
64º S. Gregório I	Roma	604
65º Sabiniano	Toscana	606
66º Bonifácio III	Roma	607
67º S. Bonifácio IV	Marci	615
68º S. Adeodato I	Roma	618
69º Bonifácio V	Nápoles	625
70º Honório I	Campânia	638
71º Severino	Roma	640
72º João IV	Dalmácia	642
73º Teodoro I	Grécia	649
74º M. Martinho I	Todi	655
75º S. Eugênio I	Roma	657
76º S. Vitaliano	Segni	672

77º Adeodato II	Roma	676
78º Dono I	Roma	678
79º S. Agato	Sicília	681
80º S. Leão II	Roma	683
81º S. Benedito II	Roma	685
82º João V	Síria	686
83º Cônon	África	687
84º S. Sérgio	Síria	701
85º João VI	Grécia	705
86º João VII	Grécia	707
87º Sisínio	Síria	708
88º Constantino	Síria	715
89º S. Gregório II	Roma	731
90º S. Gregório III	Síria	741
91º S. Zacarias	Grécia	752
92º Estêvão II	Roma	757
93º S. Paulo I	Roma	767
94º Estêvão III	Sicília	772
95º Adriano I	Roma	795
96º S. Leão III	Roma	816
97º Estêvão IV	Roma	817
98º S. Pascoal I	Roma	824
99º Eugênio II	Roma	827
100º Valentim	Roma	827
101º Gregório IV	Roma	844
102º Sérgio II	Roma	847

103º S. Leão IV	Roma	855
104º Benedito III	Roma	858
105º Nicolau I	Roma	867
106º Adriano II	Roma	872
107º João VIII	Roma	882
108º Martinho II	Galesi	884
109º Adriano III	Roma	885
110º Estêvão V	Roma	891
111º Formoso	Córsega	896
112º Bonifácio VI	Roma	896
113º Estêvão V	Roma	897
114º Romano	Galesi	897
115º Teodoro II	Roma	897
116º João IX	Tívoli	900
117º Benedito IV	Roma	903
118º Leão V	Ardeia	903
119º Sérgio III	Roma	911
120º Anastácio III	Roma	913
121º Lando	Rieti	914
122º João X	Tossignano	928
123º Leão VI	Roma	928
124º Estêvão VII	Roma	931
125º João XI	Roma	935
126º Leão VII	Roma	939
127º Estêvão VIII	Roma	942
128º Martinho III	Roma	946

129º Agapito II	Roma	955
130º João XII	Tusculum	963
131º Leão VIII	Roma	965
132º Benedito V	Roma	966
133º João XIII	Roma	972
134º Benedito VI	Roma	974
135º Benedito VII	Roma	983
136º João XIV	Pavia	984
137º João XV	Roma	996
138º Gregório V	Saxônia	999
139º Silvestre II	Auvernia	1003
140º João XVII	Roma	1003
141º João XVIII	Roma	1009
142º Sérgio IV	Roma	1012
143º Benedito VIII	Tusculum	1024
144º João XIX	Tusculum	1032
145º Benedito IX	Tusculum	1044
146º Silvestre III	Roma	1045
147º Benedito IX (2º)	Tusculum	1045
148º Gregório VI	Roma	1046
149º Clemente II	Saxônia	1047
150º Benedito IX (3º)	Tusculum	1048
151º Dâmaso II	Baviera	1048
152º S. Leão IX	Dagsburg	1054
153º Vítor II	Hirschberg	1057
154º Estêvão IX	Lorena	1058

155º Nicolau II	Gorgonha	1061
156º Alexandre II	Milão	1071
157º S. Gregório VII	Savona	1085
158º Vítor III	Benevento	1087
159º Urbano II	França	1089
160º S. Pascoal II	Ravenna	1118
161º Gelásio II	Gaeta	1119
162º Calisto II	Borgonha	1124
163º Honório II	Imola	1130
164º Inocêncio II	Roma	1143
165º Celestino II	Castello	1144
166º Lúcio II	Bologna	1145
167º Eugênio III	Pisa	1153
168º Anastácio	Roma	1154
169º Adriano IV	Inglaterra	1159
170º Alexandre III	Siena	1181
171º Lúcio III	Lucca	1185
172º Urbano III	Milão	1187
173º Gregório VIII	Benevento	1187
174º Clemente III	Roma	1191
175º Celestino III	Roma	1198
176º Inocêncio III	Agnano	1216
177º Honório III	Roma	1227
178º Gregório IX	Agnano	1241
179º Celestino IV	Milão	1241
180º Inocêncio IV	Gênova	1254

181º Alexandre IV	Roma	1261
182º Urbano IV	França	1264
183º Clemente IV	França	1268
184º Gregório X	Piacenza	1276
185º Inocêncio V	Savoia	1276
186º Adriano V	Gênova	1276
187º João XXI	Portugal	1277
188º Nicolau III	Roma	1280
189º Martinho IV	França	1285
190º Honório IV	Roma	1287
191º Nicolau IV	Ascoli	1292
192º S. Celestino V	Isernia	1296
193º Bonifácio VIII	Agnano	1303
194º Benedito XI	Treviso	1304
195º Clemente V	França	1314
196º João XXII	França	1334
197º Benedito XXII	França	1342
198º Clemente VI	França	1352
199º Inocêncio VI	França	1362
200º Urbano V	França	1370
201º Gregório XI	França	1378
202º Urbano VI	Nápoles	1389
203º Bonifácio IX	Nápoles	1404
204º Inocêncio VII	Sulmona	1406
205º Gregório XII	Veneza	1415
206º Martinho V	Roma	1431

207º Eugênio IV .... Veneza 1447
208º Nicolau V .... Sarzana 1455
209º Calisto III .... Espanha 1458
210º Pio II .... Siena 1464
211º Paulo II .... Veneza 1471
212º Sisto IV .... Savona 1484
213º Inocêncio VIII .... Gênova 1492
214º Alexandre VI .... Espanha 1503
215º Pio III .... Siena 1503
216º Júlio II .... Savona 1513
217º Leão X .... Florença 1521
218º Adriano VI .... Utrecht 1523
219º Clemente VII .... Florença 1534
220º Paulo III .... Roma 1549
221º Júlio III .... Roma 1555
222º Marcelo II .... Montepulciano 1555
223º Paulo IV .... Nápoles 1559
224º Pio IV .... Milão 1565
225º S. Pio V .... Boscomarengo 1572
226º Gregório XIII .... Bolonha 1585
227º Sisto V .... Ripatransone 1590
228º Urbano VII .... Roma 1590
229º Gregório XIV .... Cremona 1591
230º Inocêncio IX .... Bolonha 1591
231º Clemente VIII .... Florença 1605
232º Leão XI .... Florença 1605

233º Paulo V . . . . Roma 1621

234º Gregório XV. . . . . Bolonha 1623

235º Urbano VIII . . . . Florença 1644

236º Inocêncio X . . . . Roma 1655

237º Alexandre VII . . . . Siena 1667

238º Clemente IX . . . . Pistoia 1669

239º Clemente X . . . . Roma 1676

240º Inocêncio XI . . . . Como 1689

241º Alexandre VIII . . . . Veneza 1691

242º Inocêncio XII . . . . Nápoles 1700

243º Clemente XI . . . . Verbino 1721

244º Inocêncio XIII . . . . Roma 1724

245º Benedito XIII . . . . Bari 1730

246º Clemente XII . . . . Florença 1740

247º Benedito XIV . . . . Bolonha 1758

248º Clemente XIII . . . . Veneza 1769

249º Clemente XIV. . . . . Rimini 1774

250º Pio VI . . . . Cesena 1799

251º Pio VII . . . . Cesena 1823

252º Leão XII . . . . Genga 1829

253º Pio VIII . . . . Cingoli 1830

254º Gregório XVI . . . . Beluno 1846

255º Pio IX . . . . Senigallia 1878

256º Leão XIII . . . . Carpineto 1903

257º S. Pio X . . . . Treviso 1914

258º Bento XV . . . . Gênova 1922

259º Pio XI	Milão	1939
260º Pio XII	Roma	1958
261º João XXIII	Sotto Il Monte	1963
262º Paulo VI	Concésio	1978
263º João Paulo I	Forno di Canale	1978
264º João Paulo II..............	Wadowice	2005
265º Bento XVI................	Marktl am Inn	2013
266º Francisco...............	Buenos Aires	

Conclusão

Aí está a lista total dos dirigentes supremos da Igreja, desde o primeiro até o atual, felizmente reinante, Francisco. É uma corrente ininterrupta desde o começo da Igreja até agora. A história está aí para documentar. A primeira Igreja protestante começou em 1524, com Lutero. As outras milhares de igrejas vieram depois. Aqueles quinze séculos de vazio que separam a Igreja fundada por Cristo e as fundadas pelos homens... não dizem nada a ninguém? Qualquer homem sensato, qualquer homem que procura com serenidade e seriedade a verdadeira Igreja de Jesus, como pode ter dúvida?

Para refletir e responder

– Por que a Igreja Católica foi una, é una e sempre será una?

– Como se demonstra o amor ao papa?

24ª lição

O papa é infalível

Pelo fato de muitos não católicos confundirem *infalibilidade* com *impecabilidade* e assistência do Espírito Santo com inspiração, em relação ao papa, apresentamos aqui alguns pontos de esclarecimento para melhor compreensão da infalibilidade do mesmo.

Infalibilidade do papa significa que o papa é infalível, isto é, não pode errar quando ensina uma verdade de fé e de moral na sua missão de sucessor de S. Pedro. O papa pode pecar como qualquer outro mortal. Na realidade, porém, na sua maioria absoluta, os papas foram santos e só cinco ou seis foram acusados de faltas sérias. O papa, quando define uma verdade de fé, não inventa uma nova doutrina, mas simplesmente *confirma* aquela doutrina como já revelada na Bíblia e na Tradição.

Quando o papa é infalível, isto é, quando ele não pode errar:

Todo papa legitimamente eleito é infalível quando:

a) Fala “ex cathedra”, isto é, quando fala como pastor supremo e mestre supremo para toda a Igreja.

b) Quando decide ou define uma doutrina de fé ou de moral para todos os fiéis (Quando o papa fala de ciência, política etc., não é infalível).

O motivo da infalibilidade do papa é a assistência direta do Espírito Santo.

Prova bíblica da infalibilidade do papa:

a) Cristo constituiu Pedro como fundamento de sua Igreja:

"E sobre esta pedra edificarei a minha Igreja" (**Mt 16,14-19**).

Ora, se a pedra fundamental, isto é, a autoridade suprema da Igreja de Jesus, ensinar o erro, é claro que todo o edifício da Igreja vai desabar. Porque a Igreja durará até o fim dos tempos, é claro que o papa é infalível, isto é, não pode ensinar o erro.

b) Jesus deu a Pedro e seus sucessores amplos poderes de "ligar e desligar":

"Tudo o que ligares na terra será ligado também no céu" (**Mt 16,18**).

Deus aprovará tudo o que Pedro aprovar e ensinar sobre a terra. É claro que Pedro e seus sucessores não podem ensinar o erro, pois Deus não aprovaria erro algum de ninguém. Do contrário, as palavras "tudo o que ligares na terra será ligado no céu" seriam mentirosas. E Deus não pode mentir. Logo, o papa é infalível.

c) Cristo estabelece Pedro e seus sucessores como *supremos pastores de seu rebanho, a Igreja*:

"Apascenta os meus cordeiros, apascenta as minhas ovelhas" (**Jo 21,15-17**).

O sentido destas palavras é que Pedro deve ensinar a verdade e proteger do erro os fiéis. Mas, se Pedro e seus sucessores tivessem a possibilidade de ensinar o erro, é claro que não poderiam proteger os fiéis do erro. Assim sendo, então, pela força destas palavras de Cristo: "Apascenta as minhas ovelhas", os papas devem ser infalíveis.

d) Cristo rezou por Pedro para que sua fé fosse sempre firme e forte:

"Mas eu roguei por ti, para que tua fé não falte. E, uma vez convertido, confirma os teus irmãos" (**Lc 23,31-32**).

Conclusão

"Confirma os teus irmãos", isto é, dá segurança, firmeza à fé dos teus irmãos. E o papa continua confirmando na fé. Quando na Igreja, em todos os tempos, surgiram erros e heresias, o papa sempre foi o defensor da fé e dos costumes. Quando havia controvérsias graves, era o papa que dava a última palavra, e todos, aceitando, diziam: "Roma locuta est, causa finita est" ("O papa falou, o problema está resolvido").

Até hoje o papa, o doce Vigário de Cristo na terra, continua como o único baluarte da fé autêntica em Jesus Cristo. Continua até hoje e continuará para sempre a defender a pureza e a autenticidade da verdadeira e única doutrina pregada por Cristo e confiada a Pedro e aos apóstolos. Esta Igreja, confiada a Pedro e aos seus sucessores, é a única verdadeira e autêntica Igreja de Cristo, pois é a única que leva (*autêntica*) a firma de seu fundador, S. Pedro, e de seus sucessores, de sua fundação até hoje.

Onde está o papa, aí está a Igreja de Jesus.

Para refletir e responder

– *O papa pode pecar?*

– *Por que o papa não pode ensinar o erro?*

25ª lição

Os bispos são os sucessores dos apóstolos

Jesus escolheu os apóstolos, um por um (20ª lição), os instruiu e enviou pelo mundo a pregar o Reino de Deus (**Mc 3, 13-19**; **Mt 10,1-42**).

Escolheu Pedro como chefe supremo do colégio apostólico (22ª lição).

No dia de Pentecostes receberam a confirmação do Espírito Santo e se espalharam pelo mundo, "testemunhando Cristo" em toda a Judeia, Samaria e em toda parte do mundo (**At 1,8**; **Lc 9,2**).

Missão dos apóstolos

Jesus falou aos doze discípulos nestes termos:

"Foi-me dado todo o poder no céu e na terra. Ide, pois, ensinai todas as gentes, batizando-as em nome do Pai, do Filho e do Espírito Santo, ensinando-as a observar tudo o que vos mandei. E eis que estou convosco todos os dias até o fim do mundo" (**Mt 28,18-20**).

Esta missão de *ensinar e governar* (e apascentar) foi confiada aos apóstolos para o crescimento da Igreja.

Pois bem, os apóstolos morreram todos mártires, mas a Igreja de Jesus continuou, continua e continuará para sempre. Os apóstolos transmitiram a outros, seus sucessores, sua missão de governar o povo de Deus, pois este deverá continuar até o fim do mundo. Os sucessores dos apóstolos são os bispos.

Paulo transmitiu sua missão a Tito e Timóteo. Eis a confirmação:

"Cuidai de vós mesmos e de todo o rebanho sobre o qual o Espírito Santo vos constituiu bispos para pastorear a Igreja de Deus, que Ele adquiriu com o seu próprio sangue" (**At 20,28**; **1Tm 5,23**; **2Tm 4,6**).

"Deixei-te em Creta, ó Tito, precisamente para isso: para que completasses a obra da organização e constituísses, em cada cidade, anciãos (bispos), conforme as instruções que te dei" (**Tt 1,5**).

"Em cada igreja Paulo e Barnabé instituíram anciãos, depois de terem orado e jejuado" (**At 14,23**).

"Eles (os apóstolos), pregando pelas aldeias e cidades, constituíram bispos e diáconos para a Igreja futura" (Clemente Romano – século I).

"Nós podemos enumerar os bispos que foram instituídos pelos apóstolos e pelos seus sucessores, até nós" (S. Ireneu).

Santo Ireneu nos dá a notícia de que S. Policarpo foi consagrado bispo de Smirna pelo Apóstolo João.

Os *apóstolos receberam os poderes de pregar, ensinar e governar* diretamente de Jesus e transmitiram esses poderes aos seus sucessores, e estes a outros ainda, até nós, para o bem, a unidade e o aumento da Igreja.

Os *nossos bispos são os autênticos sucessores dos apóstolos.* Com o mesmo zelo e os mesmos poderes, desempenham a mesma missão de ensinar e governar a Igreja de Cristo.

A transmissão dos poderes é feita pela imposição das mãos e invocação do Espírito Santo:

"Não descures o dom que está em ti e que te foi conferido por designação profética, com a imposição das mãos do colégio dos anciãos" (**1Tm 4,14**).

"Relembro-te por isso que revivas o dom de Deus que está em ti pela imposição de minhas mãos" (**2Tm 1,6**).

Ver também **At 6,6**; **1Tm 5,22**.

Conclusão

Mais uma vez se prova que a Igreja Católica é a única que recebeu de Cristo, através dos apóstolos e bispos, a missão específica de ensinar e governar o povo de Deus.

Entre os bispos e os apóstolos há uma corrente ininterrupta, de modo tal que a missão que os apóstolos receberam de Jesus é a mesma que os bispos receberam dele.

Meu irmão, sinta-se feliz por pertencer à verdadeira Igreja de Jesus Cristo! E ame seu bispo, pois ele é sucessor dos apóstolos! E isto é a mais forte garantia de que você pertence ao verdadeiro Reino de Cristo na Terra.

Para refletir e responder

– Por que é impossível a existência do bispo nas Igrejas protestantes?

– Por que devemos amar o nosso bispo?

26ª lição

Os sacerdotes são ministros de Cristo e administradores dos mistérios de Deus (1Cor 4,1)

a) Os sacerdotes, junto com os bispos, participam, embora em grau diferente, do mesmo e único sacerdócio de Cristo:

"Embora os presbíteros (sacerdotes) não possuam o ápice do pontificado e no exercício de seu poder dependam dos bispos, estão, contudo, unidos com eles na dignidade sacerdotal. Em virtude do Sacramento da Ordem, segundo a imagem de Cristo, sumo e eterno Sacerdote (**Hb 5,1-10**; **7,24**; **9,11-28**), eles são consagrados para pregar o Evangelho, apascentar os fiéis e celebrar o culto divino, de maneira que são verdadeiros sacerdotes do Novo Testamento" (**LG 28**).

b) Vamos repetir a estrutura dos ministérios na Igreja, conforme está na Bíblia:

1. Jesus Cristo, único e eterno Sacerdote, confere aos apóstolos sua missão sacerdotal para que continuem sua missão na Igreja.

2. Os apóstolos conferiram, transmitiram o ministério recebido de Cristo aos seus sucessores, os bispos; estes, por sua vez, passaram legitimamente o "ofício de seu ministério a vários sujeitos e em diferentes graus". Temos assim desde a antiguidade apostólica os *bispos*, os *presbíteros* (sacerdotes) e os *diáconos*.

Os apóstolos transmitem sua missão sacerdotal aos fiéis escolhidos:

"Enquanto eles estavam celebrando o culto do Senhor (missa) e jejuando, disse o Espírito Santo: Separai-me Barnabé e Saulo para a obra a que eu os chamei. Então, depois de terem jejuado e orado, impuseram-lhes as mãos e despediram-nos" (**At 13,2-3**; 6,6).

"Em cada Igreja Paulo e Barnabé ordenaram presbíteros (sacerdotes) e após orações com jejuns recomendaram-nos ao Senhor, em que tinham crido" (**At 14,23**).

"De Mileto, Paulo mandou Éfeso chamar os presbíteros da Igreja" (**At 20,17**).

Como se vê pela Bíblia, o sacerdócio é de origem divina e desde a origem apostólica havia encargos em cada comunidade de fiéis diretamente na dependência do bispo.

Missão dos sacerdotes

Conforme a Sagrada Escritura e o Decreto "Presbiterorurn Ordinis" (cap. II, n. 4, 5 e 6), a missão dos sacerdotes é a seguinte:

a) *Pregar a Palavra de Deus com retidão*:

"O teu ensinamento seja conforme a sã doutrina" (**Tt 2,1**).

b) O sacerdote deve pregar a Palavra de Deus na sua pureza, sempre em comunhão com o bispo e seguindo sua orientação rigorosa:

"Não há dois evangelhos; há apenas pessoas que semeiam confusão entre vós e que querem perverter o Evangelho de Jesus Cristo. Pois bem, ainda que nós próprios ou um anjo do céu vos anunciasse um evangelho diferente, seja execrado. Repito mais uma vez o que já dissemos: Se alguém vos anunciar um evangelho diferente, seja execrado" (**Gl 1,7-9**).

Estas palavras duras de Paulo se referem a alguns dentre os gaiatos que começaram a interpretar a Bíblia, a Palavra de Deus, sem seguir orientação dos apóstolos e bispos.

c) *Administrar os sacramentos*: os sacerdotes, nas suas respectivas paróquias, devem batizar, celebrar a Eucaristia e a penitência etc.

d) *Serem chefes do Povo de Deus.*

Relações dos sacerdotes com os fiéis

1. O sacerdote exerce sobre os fiéis uma verdadeira *paternidade espiritual* (**1Cor 4,15**; **1Pd 1,23**).

2. O sacerdote *preside e serve à comunidade.*

3. O sacerdote deve dar a todos um *testemunho de verdade e de vida* (**LG 28**).

Conclusão: o sacerdote na comunidade paroquial

Existe a Igreja Universal (Católica), governada pelo papa, sucessor de S. Pedro.

Existe a Igreja diocesana, que é a união de muitas paróquias, governada pelo bispo, sucessor dos apóstolos, em comunhão com o papa.

Existe a Igreja paroquial, governada pelo sacerdote ou vigário, em comunhão com o bispo e nomeado por ele.

Existe a Igreja de base ou comunidade de base, que é a união de diversas famílias católicas numa localidade (capela).

Existe a Igreja doméstica, que é a família.

A Igreja paroquial, a de base e a doméstica existem numa mesma paróquia e o sacerdote é presidente, dirigente, pastor e pai.

A paróquia, assim constituída, torna-se:

Uma comunidade de amor, pois todos se amam, se ajudam e se estimam, conforme o mandamento do Senhor: "Amai-vos uns aos outros como eu vos amei".

Uma comunidade de fé: todos são batizados, professam a mesma fé e obedecem aos mesmos pastores: papa e bispos.

Uma comunidade de culto: todos participam das reuniões e, sobretudo, participam do sacrifício eucarístico, a Santa Missa, que é o sacramento da união.

O sacerdote é o chefe, o animador, o pai desta comunidade.

Você conhece bem o seu vigário?

Você sabe que ele é o representante de Deus?

Para refletir e responder

– *Quais os deveres de um fiel para com seu vigário?*

– *Quem é uma paróquia?*

– *Qual o dever de um cristão na sua comunidade?*

27ª lição

A totalidade do Povo de Deus

a) Às vezes, a impressão de muitos é que a Igreja de Jesus é formada pelo papa, bispos, sacerdotes e religiosos, e que a eles cabe a totalidade da responsabilidade no crescimento da Igreja. Mentalidade totalmente errada. Pode pensar assim um cristão que só é cristão porque foi batizado, mas não está entrosado na Igreja, nem conhece o que é a Igreja e a sua finalidade.

A Igreja sou eu, é você, somos nós, todos nós, os batizados, os regenerados pelo batismo e incorporados neste único e imenso organismo que é o Povo de Deus, a Igreja. E como membro da Igreja, como batizado, cada um é responsável por esta Igreja da qual faz parte. E cada um tem que exercer a sua função no interior dela. A casa é formada de muitos tijolos, cada um ocupa seu lugar, cada um desempenhando sua função. Todos juntos formam a casa, cada um é parte integrante da casa.

b) O Concílio Vaticano II tem uma explicação bem clara:

"*O Povo de Deus é um só*. Porque um só é o Senhor, uma só a fé, um só o batismo. Comum a dignidade de regenerados em Cristo. Comum a graça dos filhos. Comum a vocação à santidade. Uma só a salvação, uma só a esperança, uma só a caridade" (**LG 32**).

Como você vê, *a Igreja de Jesus é una*. Nela cada um é parte integrante, parte viva, parte importante. Não há ninguém na Igreja que vale mais ou que tenha mais dignidade. A dignidade de todos é que *somos filhos de Deus pela graça.* O que há de diferente na Igreja é que *cada um deve desempenhar uma missão diferente.*

Dignidade e missão dos leigos

O capítulo IV da LG é dedicado aos leigos. Damos um resumo:

1. *Dignidade dos leigos*: "Por benevolência divina tem como irmão a Cristo, assim também tem como irmãos os que postos no sagrado ministério apascentam a família de Deus".

2. *Vocação dos leigos*; é dupla: trabalhar pela própria santificação e pela prosperidade do Povo de Deus (chamado divino ao apostolado e à própria santificação).

3. *Participação do leigo no sacerdócio de Cristo e no culto*: o trabalho, o suor, a oração, as iniciativas apostólicas, a vida familiar, a vida comunitária, as alegrias, os sofrimentos... são como hóstias espirituais que agradam a Deus e que, oferecidas a Deus com coração puro e simples, tornam-se sacrifício. Sempre cantamos no Ofertório: "Neste pão e neste vinho, o suor de nossas mãos, os sofrimentos dos pequenos e dos pobres, das crianças e anciãos abandonados".

4. *Participação dos leigos no múnus régio de Cristo*: Cristo é Rei do universo. Ele venceu o mal com o bem, o ódio com o amor, a vingança com o perdão. Seu Reino é construído com base no amor, no perdão e na prática da caridade. Ele sofreu e morreu porque nos amou e ama. Ele nos comunica a força e a graça para nós também vencermos o mal com o bem, para nós sabermos perdoar e praticar o bem. O cristão deve ser rei de si mesmo, dono de si, e através da graça comunicar ao mundo o amor.

5. *Relações do leigo com a hierarquia (vigário, bispo, papa)*:

a) O leigo tem direito a receber toda ajuda espiritual e apoio moral em suas iniciativas apostólicas e pela própria santificação.

b) Por outro lado, os leigos devem distinguir-se na colaboração e corresponsabilizar-se pela Igreja e seu crescimento, como também colaborar em um diálogo aberto e franco, sempre para o bem maior da Igreja.

Conclusão

Quando na Igreja cada um cumprir seu dever conforme o seu estado e sua função, então teremos uma Igreja, uma comunidade aberta, vigorosa, autêntica e santa, que será sinal de salvação para todos.

Você se sente integrado na sua Igreja, na sua comunidade?

Você, cristão batizado, está consciente de ser membro da Igreja?

Qual a sua missão dentro de sua comunidade paroquial?

Para refletir e responder

– *Só o vigário é responsável pela sua comunidade?*

– *Dentro da família, só um membro deve ser responsável ou todos?*

– *Você trabalha para o bem de sua Igreja? Como?*

28ª lição

Função dos religiosos na Igreja

O Concílio Vaticano II trata dos religiosos no capítulo VI da LG e no decreto "Perfectae Caritatis".

A Vida Religiosa

Na sua essência, é uma imitação da vida de Jesus Cristo iniciada no batismo, aperfeiçoada e realizada através de uma consagração especial e total a Deus. Todo cristão que vive seu batismo é um imitador de Cristo: por meio da graça, se torna como um outro Cristo. Porém, os religiosos querem imitar mais profundamente a vida de Jesus com uma consagração total a Deus em benefício da Igreja. Esta consagração total a Deus se resume nos *votos*:

1. Cristo nasceu pobre, morreu nu na cruz. Os religiosos, com o *Voto de Pobreza*, querem imitar Cristo, vivendo desapegados completamente dos bens materiais.

2. Cristo foi a pureza personificada. Os religiosos, com seu *Voto de Castidade*, querem assemelhar-se a Cristo para o bem da Igreja.

3. Cristo foi obediente ao Pai, cumprindo toda a sua vontade. Os religiosos, com o *Voto de Obediência*, renunciam à sua liberdade por amor de Cristo, professando uma obediência total à Igreja.

Os votos religiosos são como que a carteira de identidade com que eles se apresentam ao mundo, vivendo no mundo, mas sem ser deste mundo.

Finalidade dos votos religiosos:

a) Libertam os religiosos dos impedimentos que podem atrapalhar uma total imitação de Cristo, em benefício da Igreja.

b) Multiplicam os frutos de santidade, em benefício da Igreja.

Toda forma de vida religiosa é para o bem da Igreja:

"Como os conselhos evangélicos, em razão da caridade a que conduzem, de modo especial unem à Igreja e ao seu ministério aqueles que o seguem, deve também a sua vida espiritual ser consagrada ao bem de toda ela. Aqui nasce também o dever de trabalhar na implantação e na consolidação do Reino de Cristo nas almas e a todas as regiões, quer com a oração, quer também com a ação, conforme as próprias forças e índole da própria vocação" (LG 44).

Santa Teresa de Ávila, a grande mística e doutora da Igreja, que, ao reformar o Carmelo, sentiu todo o drama no seu espírito e sofreu terrivelmente diante das devastações que a rebelião protestante infligiu à Igreja, escrevia a todas as religiosas:

"Minhas filhas, lembrem-se de que se todas as vossas orações, sacrifícios, penitências, não forem para o bem da Igreja, tudo será em vão".

É claro que toda pessoa que deseja consagrar-se a Deus não o faz por puro egoísmo pessoal, visando só ao seu próprio bem espiritual, mas, e sobretudo, o faz porque ama a Igreja e deseja com todas as suas forças o crescimento do Reino de Deus. Como Jesus, divino fundador da Igreja, consagrou toda a sua vida e deu sua vida para a Igreja, assim também o religioso com sua consagração a Deus tem em vista só e exclusivamente o bem da Igreja. Quando um religioso não sente com a Igreja, não sofre com a Igreja, não se sente parte viva e responsável da Igreja, então é a falência.

No seio da Igreja, através dos séculos, surgiram muitas ordens religiosas, sempre em épocas em que a Igreja precisava de novos apóstolos e novas forças para incrementar sua ação salvífica, sobretudo em momentos mais difíceis de sua história. Surgiram assim os carmelitas, os franciscanos, os beneditinos, os dominicanos, os Jesuítas e muitas outras ordens e congregações religiosas, masculinas e femininas, que formam hoje como que um imenso exército consagrado totalmente ao bem da Igreja. Cada uma dessas famílias religiosas possui *um estilo de vida, um modo de vida, uma espiritualidade própria na imitação a Cristo, em benefício da Igreja.*

São estilos de vida, espiritualidades ou caminhos diferentes, mas essencialmente iguais na finalidade a que se propõem: imitar Cristo para o bem da Igreja.

Cada ordem ou congregação deu à Igreja inúmeros santos e santas, que são como pérolas preciosas da Igreja e modelos no caminho da santidade para cada cristão. Assim, temos S. Francisco, S. Inácio, S. Teresa, S. João da Cruz e milhares de outros grandes santos que são como que gigantes na santidade e beneficiaram a Igreja e influíram imensamente com seus estilos de vida e suas espiritualidades.

Conclusão

A vida religiosa é um grande dom de Deus. Toda pessoa que se consagra a Deus é como uma semente que, jogada em campo fértil (a Igreja), produzirá muitos frutos de santidade e de apostolado, em benefício da Igreja.

Você já pensou na beleza e na coragem de uma vida consagrada totalmente a Deus, em benefício da Igreja?

Para refletir e responder

– Qual a finalidade das ordens e congregações religiosas na Igreja?

– Uma vida totalmente dedicada à oração, à penitência e ao recolhimento é útil à Igreja?

– Já viu um mosteiro de freiras de clausura? Que acha?

29ª lição

A santidade é privilégio de todos

O capítulo V da LG trata deste assunto.

a) *A vontade de Deus*:

"Esta é a vontade de Deus, a vossa santificação" (1Ts 4,3).

b) *A santidade em Deus*: todo o AT é dominado pela ideia de que Deus é Santo. A santidade em Deus significa: majestade, Deus inefável, absoluto, único, Aquele que É, que existe e diante do qual o ser humano não é nada, o Ser Puro e Perfeito, Autor da lei moral, Bondade, Aquele que gosta de perdoar, o Paciente (1Sm 6,19; Is 6,57; Ez 28,25).

c) No NT, a santidade de Deus tornou-se mais palpável quando Ele mandou seu próprio Filho para nos resgatar do mal e nos comunicar a santidade divina. A santidade de Jesus se afirma mais externamente no drama do calvário, quando o seu amor superou toda expectativa. Santidade em Jesus é *amor supremo, doação total por aqueles a quem ama, perdão incondicionado.*

d) *Jesus comunica à Igreja a sua santidade*: Jesus nos comunica a sua santidade, consumada no sacrifício supremo do Calvário, através do *batismo*. A Igreja nasceu aos pés da cruz, quando o sangue de Cristo redentor lavou todos os pecados da nova humanidade nascente (a Igreja).

e) *A Igreja de Jesus é santa*: na sua doutrina, no seu divino fundador, nos meios para comunicar a santidade: os sacramentos.

f) Os *membros da Igreja devem ser santos*: todos os membros da Igreja são chamados à santidade:

"Sede perfeitos, como vosso Pai celeste é perfeito" (**1Pd 1, 15-16**).

"Sede santos porque eu sou santo" (**Lv 19,1-2**).

"Procurai a santidade, sem a qual ninguém verá o Senhor" (**1Ts 3,13**).

"A santidade do cristão consiste em se transformar à imagem de Cristo" (**2Cor 3,18**).

"Já não sou eu que vivo, é Cristo que vive em mim" (**Gl 2,20**).

A santidade do cristão aqui na terra será sempre incompleta, "pois temos que lutar sempre contra o pecado" (**Cl 3,2.5**).

Santos eram chamados os primeiros cristãos (**2Cor 1,1-2**; **Rm 1,7**).

g) *O que não é a santidade*: não é fazer milagres; não é passar o dia todo de mãos postas, rezando e talvez descuidando dos seus deveres; não é ficar sem comer algum tempo, talvez mostrando uma cara rabugenta e triste; não é ter aquela atitude farisaica de dar esmolas para ser visto; não é mostrar suas virtudes em público, querendo convencer que é gente de bem...

h) *A verdadeira santidade consiste em*: viver a vida santa de Deus, participada a nós pelo Batismo. *O batismo é a porta da santidade.*

Viver intensamente a vida da graça, fazendo-a crescer e frutificar em obras boas e santas, é santidade. As obras boas e santas da graça são o amor a Deus e ao próximo. O amor a Deus consiste em cumprir sua vontade e sua lei. O amor ao próximo significa respeitá-lo, ajudá-lo, perdoá-lo, cooperar com todos na construção de um mundo mais cristão.

i) *Chamamento de todos à santidade*:

"Todos os fiéis, de qualquer estado ou ordem, são chamados à *plenitude da vida cristã e à perfeição da caridade*" (LG 40).

A santidade é uma só, mas é vivida e concretizada segundo as circunstâncias e condições de cada um.

Conclusão

A santidade é para todos, está ao alcance de todos e a todos são oferecidos os mesmos meios. Façamos nossa a meta de Paulo:

"A isto somente eu viso: esquecido do que fica para trás e lançando-me para aquilo que tenho na frente, continuo a minha carreira, olhar fixo na meta, rumo à palma, à qual Deus, lá do alto, me chama em Jesus Cristo" (Fl 3,12-15).

Para refletir e responder

– *Diga, com suas palavras, o que é santidade.*

– *Dê exemplos de falsa santidade.*

– Os *santos vivos são muitos ou poucos?*

30ª lição

Jesus fundou uma só Igreja – A Igreja de Jesus é una

Como há um só Deus, assim deve haver uma só Igreja. Como há um só Redentor, assim deve haver uma só Igreja. Como há um só batismo, assim deve haver uma só Igreja. Como Jesus pregou uma só doutrina, assim deve haver uma só Igreja.

Como Jesus fundou uma só Igreja, assim esta deve ser una até o fim do mundo.

Jesus fundou uma só Igreja: uma só doutrina, um só culto, um só governo

Uma só doutrina:

"Quem não está comigo é contra mim" (**Mt 12,30**).

"Um só Senhor, uma só fé, um só batismo, um só Deus e Pai de todos" (**Ef 4,3-6**).

Jesus reza ao Pai para que os apóstolos e futuros crentes sejam sempre unidos. A unidade de fé deve ser um sinal da sua Igreja diante do mundo:

"Não rogo apenas por eles, mas também por aqueles que por sua palavra hão de crer em mim. Para que todos sejam um, assim como Tu, Pai, estás em mim e eu em ti, para que também eles estejam em nós e o mundo creia que tu me enviaste" (**Jo 17,20-21**).

Os apóstolos não admitem doutrinas diferentes que dividem. Neste ponto usam uma severidade impressionante. Jesus ensinou uma só doutrina; quem ensinar uma doutrina diferente, que seja afastado, excluído da Igreja;

"Recomendo-vos, irmãos, que tomeis cuidado com os que produzem divisões contra a doutrina que aprendestes. Afastai-vos deles" (**Rm 16,17**).

S. Paulo aqui mostra toda a sua repulsa aos que ensinam doutrinas diferentes:

"Se alguém vos anunciar um evangelho diferente, seja execrado, isto é, seja excomungado" (**Gl 1,7-9**).

Unidade de culto:

"Porque há um só pão, um só corpo somos nós, embora muitos, visto participarmos todos do único pão" (**1Cor 10,17**).

"A multidão dos fiéis tinha um só coração e uma só alma" (**At 4,32**).

"Esforçai-vos em conservar a unidade do Espírito no vínculo da paz" (**Ef 4,3**).

Unidade de governo:

"Tenho ainda outras ovelhas que não são deste redil. Estas tenho de reunir, e elas ouvirão a minha voz. E então haverá um só rebanho e um só pastor" (**Jo 10,16**; **Mt 16,15-16**).

"Irmãos, conjuro-vos que sejais sempre perfeitamente unidos num só sentimento e num mesmo pensar" (**1Cor 1,10**).

Conclusão

Como se vê, a preocupação de Jesus e dos apóstolos era a *unidade da Igreja.* Jesus fundou uma só Igreja e a esta entregou sua mensagem para ser pregada e anunciada ao mundo. Esta mensagem não pode sofrer distorções ou adulterações. Quando na Igreja primitiva surgia alguém que ensinava doutrina diferente, era afastado e excomungado.

Aqui cada um deve concluir sozinho: *a Igreja de Jesus é una, a doutrina é uma só, a autoridade é uma só.*

No mundo de hoje há milhares de Igrejas cristãs. Cada qual diz ser a verdadeira. Qual delas será? Só aquela que apresenta a unidade na fé, no culto e na autoridade. Pode conferir, amigo: fora da Igreja Católica só há divisão, diferenças. Não há autoridade, não há unidade em nada.

Agradeça a Deus por pertencer à verdadeira e única Igreja de Jesus e contribua para maior unidade dentro de sua comunidade.

Para refletir e responder

– Por que a Igreja de Jesus é e deve ser una?

– Como explicar que fora da Igreja Católica há uma infinidade de igrejas diferentes?

– Como agir para que dentro de sua comunidade haja união?

31ª lição

A Igreja de Jesus é santa

É Santa no seu Fundador, no seu fim, nos seus meios, na sua doutrina e nos seus membros.

Santa no seu Fundador: Jesus, divino fundador da Igreja, é Deus como o Pai e o Espírito Santo. E é o Santo por excelência:

"Quem de vós pode acusar-me de pecado?" (Jo 8,46).

A Igreja é a continuação de Cristo na história.

A Igreja é Santa no seu fim: a finalidade da Igreja é a glória de Deus e a santificação do homem:

"Eu vim para que tenham vida e a tenham em abundância" (Jo 10,10).

"Esta Igreja sem mancha, sem ruga, nem coisa alguma semelhante, para que seja santa e irrepreensível..." (Ef 5,25-27).

"Jesus pôs-se a ensinar aos seus discípulos, dizendo: Sede perfeitos como é perfeito o vosso Pai celeste" (Mt 5,1.48).

A Igreja é Santa nos seus meios, os sacramentos: os sacramentos são como canais da graça:

"Eu sou o pão vivo que desci do céu. Se alguém comer deste pão, viverá; e o pão que eu darei é a minha carne para a vida do mundo" (Jo 6,51).

"Jesus soprou sobre eles, dizendo: Recebei o Espírito Santo. Aqueles a quem perdoardes os pecados, lhes serão perdoados" (**Jo 20,22-23**).

Todos os sacramentos são meios que nos comunicam a graça, isto é, são meios de santificação.

A Igreja de Jesus é Santa na sua doutrina: a doutrina de Jesus é santa e divina; esta doutrina é a doutrina da Igreja:

"A minha doutrina não é tão minha como daquele que me enviou; se alguém quiser cumprir a vontade dele, saberá se tal doutrina vem de Deus" (**Jo 7,16-17**).

"Pai, chegou a hora. Glorifica o teu Filho para que o teu Filho te glorifique. Consagra-os na verdade, a tua Palavra é a verdade" (**Jo 17,1.17**).

A Igreja de Jesus é Santa nos seus membros: todo cristão que vive em graça é santo. Ter a graça é ter em si a vida divina, que é vida de santidade. É santidade participada. Os primeiros cristãos eram chamados de santos:

"Saúdam-vos todos os santos" (**2Cor 13,12**; **Rm 1,7**; **Ap 5,8**).

"Jesus Cristo se entregou por nós, para nos resgatar de toda iniquidade e formar para si um povo que seja todo seu, purificado, zeloso pelas boas obras" (**Tt 2,14**; **Rm 6,3**; **2Pd 2,5**).

"... a vós, santificados em Cristo, chamados a serem santos" (**1Cor 1,1-3**).

"A vontade de Deus é esta: que vos santifiqueis" (**1Ts 4,3-5**).

Conclusão

Os apóstolos foram santos, pois morreram mártires para testemunhar seu amor e sua fé em Cristo. Entre os doze apóstolos escolhidos por Jesus, só um não foi santo: Judas. Os sucessores dos apóstolos foram santos. Há na Igreja um número incalculável de santos canonizados. Sem contar os santos que passaram sua vida na prática do bem e do amor ao próximo de maneira velada.

A Igreja de Jesus nasceu santa, continua santa e sempre será santa. A existência de alguns elementos não santos entre milhões de fiéis não diminui a sua santidade, pois mesmo entre os doze escolhidos por Jesus houve um que não foi santo.

Coragem, meu amigo, a santidade é para todos na Igreja de Jesus. Se você vive na graça de Deus, você é santo. Aumente sua graça e aumentará a santidade de sua Igreja.

Para refletir e responder

– *Qual o fundamento da santidade?*

– *Como aumentar a santidade?*

32ª lição

A Igreja de Jesus é católica, isto é, universal

A palavra *católica* vem do grego e significa *universal*. O primeiro a usar esta palavra para indicar a Igreja de Jesus foi S. Inácio de Antioquia, quando escreveu:

"Onde está Cristo, aí está a Igreja Católica".

A Igreja de Jesus é Católica porque foi fundada para salvar todos os homens (universalidade da salvação), sem distinção de raça, cor ou condição, e porque está difundida por toda a terra.

Jesus pregou uma doutrina universal, para salvar o mundo inteiro:

"Esta Boa-Nova do Reino de Deus será pregada no mundo inteiro" (**Mt 24,14**; **Lc 24,47**).

"Ide, ensinai todos os povos" (**Mt 28,19**).

"Vós sereis testemunhas de mim em Jerusalém e em toda a Judeia e Samaria, e até os confins da terra" (**At 1,8**).

"Virão do Oriente e do Ocidente, do Norte e do Sul, e sentar-se-ão à mesa do Reino de Deus" (**Lc 13,29**; **Mt 8,11-12**).

De fato, a Igreja Católica é a única que está difundida sobre toda a face da terra. São 800 milhões de católicos espalhados por todo o mundo. Na verdade, só a nossa Igreja Católica é católica, isto é, universal.

A Igreja de Jesus é apostólica

A Igreja de Jesus é apostólica porque é governada pelos legítimos sucessores dos apóstolos: os bispos e o papa. *A Igreja que não tem origem nos apóstolos não é a Igreja de Cristo.* Eis a palavra de Paulo:

"Sois cidadãos dos santos e membros da família de Deus edificada sobre o fundamento dos apóstolos e dos profetas, com o próprio Cristo Jesus como pedra principal do ângulo" (**Ef 2,19-20**).

A Igreja universal é apostólica, pois os bispos, sucessores dos apóstolos, continuam governando a Igreja de Cristo com o mesmo vigor e a mesma autoridade.

Romana

A romanicidade da Igreja não é característica essencial da Igreja de Cristo, mas puramente histórica. Pedro, o primeiro papa, morreu em Roma no ano 67 da Era Cristã. Os seus sucessores no governo da Igreja universal continuaram morando em Roma e daí continuaram governando a Igreja. Até hoje o papa mora em Roma. E como na época Roma era a capital do imenso Império Romano, que abrangia todo o mundo então conhecido, assim também até hoje Roma continua sendo a capital espiritual do mundo, pois o Vigário de Cristo aí mora.

Para refletir e responder

– *Por que só a Igreja Católica é católica?*

– *Por que a Igreja de Jesus deve ser apostólica?*

33ª lição

Maria é mãe da Igreja

O capítulo VIII da LG trata da Virgem Maria. *Importância de Maria na vida da Igreja*:

1. "Quando chegou a plenitude dos tempos, Deus mandou seu Filho, nascido de uma mulher, para que recebêssemos a adoção de filhos" (**Gl 4,4-5**).

2. "A Virgem Maria, que na Anunciação do anjo recebeu o Verbo de Deus no seu coração e no seu corpo e deu a vida ao mundo, é reconhecida e honrada como verdadeira Mãe de Deus e do Redentor" (**LG 53**).

3. "Filha predileta do Pai e sacrário do Espírito Santo, com este dom de graça sem igual ultrapassa de longe todas as outras criaturas celestes e terrestres" (**LG 53**).

4. Maria aparece na História da Salvação desde o começo, quando é profeticamente esboçada na promessa da vitória sobre a serpente, feita aos nossos primeiros pais (**Gn 3,15**).

5. "Ela é a Virgem que há de conceber e dar à luz um filho, cujo nome será Emanuel, isto é, Deus conosco" (**Is 7,14**; **Mq 5,2-3**).

6. No momento da encarnação do Verbo, enquanto o anjo esperava a resposta, Maria, consciente da gravidade do momento e consciente da sua decisão, sem consultar ninguém, sem nenhum apoio humano, sai de si mesma, dá o grande salto, confia, permi-

te e se entrega num abandono total à ação do Espírito Santo. Naquele instante o Verbo se fez carne, e a humanidade tem o Salvador, Jesus. "Seja feito em mim conforme a tua palavra" – respondeu Maria ao anjo. A salvação do mundo dependeu desta resposta de Maria.

7. "A morte veio por Eva, a vida veio por Maria", afirmam os Santos Padres.

8. Na visita a Isabel, esta a chama de "Mãe do meu Senhor" (**Lc 1,41-45**).

9. Na apresentação ao templo, o Profeta Simeão disse que "uma espada atravessaria a alma de Maria para que se revelassem os pensamentos de muitos corações" (**Lc 2,34-35**).

10. Nas bodas de Caná, Maria prova que é a Mãe do Salvador: manifestando um simples desejo, seu Filho a atende como se fosse uma ordem para Ele (**Jo 2,1-12**).

11. Maria acompanhou seu Filho até a cruz. No caminho para o calvário, Jesus, carregando a cruz, se encontra com sua Mãe. O olhar dela infunde coragem no Filho. Mas toda a dor do Filho penetra o coração da Mãe.

12. Aos pés da cruz, Maria estava lá, participando das dores do Filho e cooperando no mistério da salvação (**Jo 19,25**).

13. Foi dada por mãe ao discípulo predileto, João, que naquele instante representava a humanidade toda lavada e batizada naquele sangue divino que caía, quente, no chão poeirento: "Mulher, eis o teu filho" (**Jo 19,26**).

14. Depois da ascensão, Maria era a Mãe dos apóstolos, Mãe da Igreja:

"Assíduos e unânimes na oração com Maria, mãe de Jesus" (**At 1,14**).

15. Finalmente, terminado o curso da vida terrena, foi levada à glória celeste em corpo e alma e exaltada pelo Senhor como Rainha do universo.

Maria e a Igreja

a) *Um só é o nosso Redentor*:

"Porque há um só Deus, há também um só mediador entre Deus e os homens, Cristo Jesus, verdadeiro homem e verdadeiro Deus, que se ofereceu em resgate de todos" (**1Tm 2,5-6**).

Porém Maria foi escolhida por Deus para participar mais intimamente do mistério da Redenção, para "fomentar ainda mais o contato imediato dos fiéis com Cristo" (**LG 60**).

b) Maria é a mãe espiritual na ordem da graça para todos os fiéis. Tendo participado intimamente de todos os sofrimentos de seu Filho, para comunicar a graça aos novos filhos de Deus, os batizados, Maria se torna mãe dos fiéis na ordem da graça.

c) Ela, do céu, continua a se interessar pelos irmãos de seu Filho, derramando graça e proteção sobre a Igreja. Ela é Medianeira de todas as graças.

d) Maria e o modelo de todas as virtudes para todos os cristãos os quais devem imitá-la na fé, na caridade e na esperança.

e) Maria é "aquela que crê, pois nela resplandece a abertura, resposta e fidelidade" (Puebla n. 296).

Conclusão

Deus Pai amou Maria, escolhendo-a como Mãe de seu Filho. O Espírito Santo desceu sobre ela (**Lc 1,35**). Jesus Cristo amou-a como mãe e foi submisso a ela (Lc 2,51). O anjo mais bonito a saúda com respeito e devoção (Lc 1,28). Os primeiros cristãos com os apóstolos tinham-na como mãe (At 1,14). Todos os cristãos do mundo, de toda época e de todo lugar, amaram-na, veneraram e recorreram a ela como a verdadeira Mãe e poderosa intercessora. Inúmeras cidades e muitos povos a escolheram como Padroeira de suas cidades. Arquitetos erigiram-lhe grandes catedrais e lançaram-na nos obeliscos mais altos. Os gênios se exauriram, se esgotaram para captar, imortalizar e traduzir na arte um raio, um momento de sua beleza. Poetas e artistas cantaram-na em seus poemas. O mundo inteiro está encantado diante da beleza dessa mulher. Ela é *a Mãe de Jesus, Mãe da Igreja e nossa Mãe.*

Maria é sinal de salvação para aqueles que a amam e imitam. Pois todo amor, toda devoção, todo respeito a Maria significam amor, devoção e respeito ao Filho, Jesus.

"Ela brilha como sinal de esperança segura e de consolação aos olhos do Povo de Deus peregrino" (LG 68).

Há muitos órfãos entre os que se dizem ser discípulos de Jesus. Os órfãos são tristes, pois não têm mãe.

O caminho da salvação é Cristo, sim, mas através de Maria.

"Ela não é soberana, mas servidora".

Não é meta, mas caminho.

Não é semideusa, mas a pobre de Deus.

Não é todo-poderosa, mas intercessora.

Acima de tudo, é a Mãe que continua dando à luz Jesus Cristo em cada um de nós" (*O silêncio de Maria*).

"Esta Igreja que com nova lucidez e nova decisão quer evangelizar no fundo, na raiz, na cultura do povo, volta-se para Maria para que o Evangelho se torne mais carne, mais coração na América Latina.

Esta é a hora de Maria, isto é, o tempo do Novo Pentecostes a que ela preside com sua oração quando, sob o influxo do Espírito Santo, a Igreja inicia um novo caminho em seu peregrinar. Que Maria seja neste caminho estrela de evangelização sempre renovada" (Puebla n. 303).

Para refletir e responder

– Notou como os nossos irmãos separados andam preocupados, angustiados e quase tristes? Sabe por quê?

– Uma criança órfã de mãe pode viver feliz e despreocupada?

34ª lição

"E o seu reino não terá fim" (Lc 1,32)

O capítulo VII da LG leva este título: Índole escatológica da Igreja peregrina e sua união com a Igreja celeste.

A palavra grega *escatologia* significa: ciência dos últimos dias.

Uma constatação

Alguns cristãos, diante dos males do mundo, das dificuldades da Igreja, das perseguições, agressividades e, às vezes, certas zombarias que atingem a Igreja, sua doutrina e seus membros, ficam preocupados, diria quase desorientados, e chegam a vacilar em sua fé, criando em si mesmos uma crise interior que os torna fracos. Falta-lhes segurança. *Falta-lhes firmeza* e um profundo conhecimento da história.

O passado, o presente e o futuro da Igreja na palavra de Deus

"Farei com eles um pacto eterno" (**Jr 32,40**).

"O Deus do céu suscitará um Reino que jamais será destruído" (**Dn 2,44**).

"E o seu Reino não terá fim" (**Lc 1,33**).

"Eis que estarei convosco todos os dias até o fim do mundo" (**Mt 28,20**).

"Tu és Pedro e sobre esta pedra edificarei a minha Igreja, e as portas do inferno não prevalecerão contra ela" (**Mt 16,18-19**).

"Tende confiança, eu venci o mundo!" (**Jo 16,33**).

A grande caminhada da Igreja através da história

Aquele grupinho reunido e preparado por Jesus, que constituía a sua Igreja, começou seu trabalho: "Pregai o Evangelho a toda criatura". E ele pregou. Até morrer. Mas... quantos perigos, quantas dificuldades! Alguns são aprisionados, torturados, apedrejados, como Estêvão. Mas a Igreja avança na sua conquista dos povos. Os sucessores dos apóstolos continuam com a mesma "bravura e coragem a pregação da Palavra Divina".

Primeiras grandes perseguições

As colunas da Igreja, Pedro e Paulo, transferem-se para Roma. Em pouco tempo surge na capital do império uma Igreja forte, unida, que dobrará a maior organização de todos os tempos. O sangue dos cristãos, que é sangue do corpo de Cristo, a sua Igreja, corre como rios nos anfiteatros e nos cárceres. Mas este sangue é semente vigorosa que fortalece a Igreja de Jesus. Nero e Diocleciano, com furor e ódio, querem sufocar o crescimento do Povo de Deus. Inutilmente. Eles passaram e a história os recorda como os maiores monstros da humanidade. A Igreja ficou, avançou, mais vigorosa e atuante. Constantino se submeteu. A Igreja conhece o primeiro sol límpido da liberdade e cresce próspera e segura.

Eis os bárbaros ameaçadores. Diante deles o poderoso Império Romano cai, fragorosamente. É o fim. E a Igreja? S. Agostinho não podia imaginar como conciliar o cristianismo fora da cultura romana! Eis como a catolicidade ou universalidade da Igreja de Cristo aparece brilhando para todos os povos... Os bárbaros conquistaram Roma, mas a Igreja conquistou os bárbaros! O Império caiu, a Igreja continuou mais forte ainda, lançando as sementes daquela que devia ser mais tarde a civilização cristã do Ocidente.

As grandes heresias, os cismas, as rebeliões, os influxos paganizadores do Renascimento, o Cientismo, o Iluminismo, as falsas correntes filosóficas, o Modernismo, o laicismo, o racismo, o comunismo, o liberalismo... uniram e unem seus assaltos para destruir a Igreja de Cristo: por fora, caluniando, ridicularizando e matando seus membros, suas instituições e suas doutrinas; por dentro, subvertendo ou tentando humanizar a sua divina doutrina.

Mas os adversários passaram, passam e passarão, e suas falsas culturas ficam velhas e esquecidas. *E a Igreja conhece sempre a sua eterna juventude.* Uma juventude sempre mais vigorosa e atuante num mundo sempre mais agitado, inquieto e velho, e que sente o envelhecimento precoce de suas instituições e de sua civilização humana.

Qual o segredo dessa eterna juventude da Igreja? A Igreja é Cristo continuado na história. *A Igreja é Cristo.* E Cristo diz ainda hoje e sempre: "Eu venci o mundo!"

Conclusão

Toda espécie de tempestade se abateu sobre a Igreja para poder arrasá-la. Mas, como a Arca, ela atravessou o dilúvio e os dilúvios e cada vez encontrou amplas praias para desenvolver-se mais ainda. E hoje, como ontem, o mundo precisa da Arca, a Igreja, para ter certeza da salvação. A nova Arca Divina está pronta para acolher fraternalmente os náufragos deste mundo. O Divino Capitão dessa Arca, Cristo, quer que todos entrem nessa Arca de salvação. Afinal, Ele veio "para que todos sejam um, como eu e tu, Pai, somos um" (**Jo 17,22**).

"Eu vim para que tenham vida e a tenham abundantemente" (**Jo 10,10**).

Deus quer que todos os homens se salvem, pois Jesus "se entregou para resgate de todos" (**1Tm 2,4-6**).

Você já experimentou dentro de si aquela felicidade íntima que dá segurança na vida por pertencer à Igreja de Jesus?

Para refletir e responder

– Por *que a Igreja Católica sempre saiu vitoriosa diante das perseguições, guerras, ódios, lutas etc.?*

– *Qual o segredo da eterna juventude da Igreja?*

35ª lição

A Igreja é sinal de salvação

Princípios gerais:

Salvação é libertação total do pecado (**Mt 1,21**), da condenação (**Jo 3,17**), da perdição (**Mt 16,25**), da cólera de Deus (**Rm 5,9**) etc.

Salvação é alcançar Deus, que é Amor, e desfrutá-lo face a face pela eternidade. É estar na glória de Deus (**Mc 10,36**). É o Reino de Deus (**1Ts 2,12**). É estar com Cristo na glória (**Cl 3,4**). É receber a coroa da vitória e da glória (**1Pd 5,1-4**).

A salvação é a esperança de todo ser humano.

Mas qual o caminho mais certo, seguro e infalível da salvação?

A Igreja de Cristo é sinal de salvação: quem pertence à Igreja de Jesus, quem vive a Igreja de Jesus, quem é membro vivo da Igreja, está salvo, pois a Igreja é Cristo continuado no tempo, e quem está com Cristo está salvo:

"Eu sou o caminho, a verdade e a vida. Ninguém pode ir ao Pai senão por meio de mim" (**Jo 14,6**).

"Eu sou a porta. Se alguém entrar por mim, será salvo" (**Jo 10,9**).

"Pai, quero que onde eu estou estejam comigo aqueles que me deste, para que vejam a minha glória" (**Jo 17,24**).

"Este Jesus é a pedra rejeitada por vós, os construtores, e que veio tornar-se a pedra angular. Em nenhum outro existe salvação, pois não há sob o céu outro nome dado aos homens pelo qual possamos ser salvos" (**At 4,11-12**).

A salvação está em Cristo, presente na Igreja:

"Tenho ainda outras ovelhas que não são deste redil. Estas também devo reunir. Elas ouvirão a minha voz e então haverá um só rebanho e um só pastor" (**Jo 10,16**).

A Igreja deve pregar a autêntica doutrina de Cristo:

"Ainda que nós próprios ou um anjo do céu vos anunciasse um evangelho diferente daquele que vos anunciei, seja execrado" (**Gl 1,8**).

A Igreja, prolongamento imortal do Salvador no tempo, *continua a missão salvadora de Cristo. Ela é Cristo que salva.* O único motivo por que *Cristo se encarnou* foi e é unicamente a *salvação de todos os homens.* Esta missão de salvar todos os homens não terminou, continua na Igreja, pois *Cristo é a Igreja*:

"Estarei convosco todos os dias até o fim dos séculos" (**Mt 28,20**), disse Jesus à sua Igreja.

E Jesus continua chamando, instruindo, curando, perdoando, dando a paz e salvando, por meio de sua Igreja.

A Igreja é, então, *sinal ou sacramento de salvação.*

Conclusão

Cabe a cada um a responsabilidade de procurar a verdade, isto é, *procurar a verdadeira Igreja de Jesus.* Encontrando-a, todo homem de reta intenção deve entrar nessa Igreja, ser membro vivo desta Igreja. Como o seu divino fundador, a *Igreja Católica tem aberta a porta da salvação para todo ser humano*: só não entra quem não quer, mas a culpa será pessoal.

Os fariseus também não acreditaram em Jesus porque não quiseram: "tinham ouvidos e não ouviam, tinham olhos e não enxergavam". Continuaram no seu ódio contra Jesus. Mas Jesus é o Salvador. Quem não o aceita em sua vida, não poderá ser salvo.

A Igreja Católica resplandece no mundo como único sinal divino de salvação. É só abrir os olhos e a inteligência e o grande sinal aparecerá para todos. É o sinal da salvação. É a Arca da Salvação. Nela há lugar para todos. É universal. É Católica!

Onde está a Igreja Católica, aí está Cristo!

Todos os católicos devem ser um sinal da sua Igreja. Num mundo cheio de confusão e sem meta, descobrir um sinal significa descobrir a salvação. Ser *sinal é ser outro Cristo.*

Para refletir e responder

– *Que quer dizer salvar-se?*

– *Quem voluntariamente não quer pertencer à Igreja de Jesus, sabendo que esta é a única verdadeira, pode salvar-se?*

36ª lição

ELE ESTÁ PRESENTE

Finalidade da vinda de Jesus a Terra

– *Jesus veio para nos salvar*:

"O Filho do homem veio procurar e salvar o que estava perdido" (**Lc 19,10**).

– *Jesus veio para nos remir com seu sangue*:

"Em Cristo, pelo seu sangue, temos nós a redenção e remissão dos pecados" (**Ef 1,7-8**).

– *Jesus veio para nos ensinar a amar*:

"Amai-vos uns aos outros como eu vos amei" (**Jo 13,34**).

– *Jesus veio para perdoar os pecadores*:

"Estão perdoados os teus pecados" (**Lc 7,48**).

"Mulher, ninguém te condenou? Ela respondeu: Ninguém, Senhor. E Jesus: Nem eu te condenarei. Vai e doravante não peques mais" (**Jo 8,1-11**).

– *Jesus veio para consolar os aflitos*:

"Vinde a mim vós todos que estais fatigados e eu vos aliviarei" (**Mt 11,28**).

– *Jesus veio para curar nossas enfermidades*:

"Toda a multidão procurava tocá-lo porque saía dele uma força que curava todos" (**Lc 6,19**).

– *Jesus veio para nos dar a paz*:

"Deixo-vos a paz, eu vos dou a minha paz" (**Jo 14,27**).

– *Jesus veio para nos dar a sua alegria*:

"Disse-vos estas coisas para que a minha alegria esteja em vós e a vossa alegria seja completa" (**Jo 15,11**).

Com estas mesmas finalidades, de salvar, remir, perdoar, dar a paz, consolar os aflitos, curar os inales, ser nossa alegria, força e esperança, Ele ficou conosco e ficará até o fim dos tempos.

Como Jesus está presente em nós?

Só com o pensamento? Não. Só com sua presença mística e moral? Não. Só com sua Palavra e seu ensinamento? Não.

Jesus está presente entre nós com sua pessoa, vivo e verdadeiro como quando andava pelas ruas e estradas da Palestina, com sua total humanidade e sua divindade.

Prova da presença real de Jesus Cristo entre nós na Eucaristia.

Promessa da Eucaristia

O primeiro passo de Jesus foi preparar as pessoas para compreenderem melhor a grande doutrina da Eucaristia. Opera um grandioso milagre, multiplicando cinco pães em tanta quantidade que deu para saciar cinco mil pessoas, sem contar as mulheres e crianças, sobrando doze cestos de pedaços. Com este milagre Jesus quis demonstrar ao povo seu poder divino (**Jo 6,1-15**). Imediatamente, passou a falar de outro pão:

"Eu sou o Pão da Vida. Vossos pais comeram o maná no deserto e morreram. Este pão é o que desce do céu para que não pereça quem dele comer. Eu sou o Pão Vivo descido do céu. Quem comer deste Pão viverá eternamente. O pão que eu darei é a minha carne para a vida do mundo" (**Jo 6,48-51**).

Jesus não falava simbolicamente, mas literalmente, realmente. De fato, os judeus começaram a discutir entre si: "Como este homem pode nos dar a sua carne para comer?" (**Jo 6,52**). Mas Jesus não os corrige e afirma com mais força ainda:

"Em verdade, em verdade vos digo: Se não comerdes a carne do Filho do homem e não beberdes o seu sangue, não tereis a vida em vós. Quem come a minha carne e bebe o meu sangue tem a vida eterna e eu o ressuscitarei no último dia. Pois minha carne é verdadeiramente comida e meu sangue verdadeiramente bebida. Quem come a minha carne e bebe o meu sangue permanece em mim e eu nele" (**Jo 6,53-56**).

Apesar da clareza das palavras de Jesus, apesar de sua autoridade divina, muitos dos seus discípulos não aceitaram a doutrina do Mestre e começaram a deixá-lo sozinho. Mas Jesus não modificou sua doutrina. Aliás, dirigindo-se aos doze, lhes disse:

"Não quereis também partir? Simão Pedro respondeu: Senhor, a quem iremos? Só tu tens palavras de vida eterna e nós cremos e reconhecemos que és o Santo de Deus" (**Jo 6,67-69**).

Jesus preferia que até os seus apóstolos o deixassem, do que modificar sua doutrina. Eles não entenderam nada, mas confiaram na sua Palavra:

"Tu tens palavras de vida eterna".

A instituição da Eucaristia

Chegou a hora de compreender a Última Ceia. Um dia antes de morrer, na Quinta-feira Santa, reuniu os seus para que recebessem o seu testamento, suas últimas vontades:

"Enquanto comiam, Jesus tomou um pão e, tendo abençoado, partiu-o, distribuindo aos discípulos, e disse: Tomai e comei, isto é o meu Corpo. Depois tomou um cálice e, dando graças, deu-lhes, dizendo: Bebei dele todos, pois isto é o meu Sangue, o sangue da Aliança, que é derramado por muitos para remissão dos pecados" (**Mt 26,26-28**).

Aqui não há dúvida: "isto é o meu Corpo... isto é o meu Sangue". Jesus não fala: isto parece ou simboliza o meu corpo, mas "isto é *o* meu corpo". Aqui precisamos acreditar que Jesus está presente na hóstia consagrada ou pegar a Bíblia e rasgá-la, pois não há outra alternativa. Ou Jesus está presente na hóstia consagrada, ou Ele enganou todos, pois não há na Bíblia uma verdade ou doutrina tão clara, tão certa, que não admita dúvidas, como esta.

Como os apóstolos entenderam esta doutrina e a praticaram

Os apóstolos entenderam tão bem a doutrina da Eucaristia e a ordem que Ele lhes deu ("Fazei isto em memória de mim!"), que alguns anos mais tarde o Apóstolo Paulo escrevia assim aos seus de Corinto:

"O cálice da bênção que abençoamos não é a comunhão com o Sangue de Cristo? E o pão que partimos não é a comunhão com o Corpo de Cristo?" (**1Cor 10,16**).

"Com efeito, eu mesmo recebi do Senhor o que vos transmiti: na noite em que foi entregue, o Senhor Jesus tomou o pão e depois de dar graças partiu-o e disse: Isto é o meu Corpo, que é para vós. Fazei isto em memória de mim! Do mesmo modo, após a ceia, também tomou o cálice, dizendo: Este cálice é a Nova Aliança em meu Sangue. Todas as vezes que dele beberdes, fazei-o em memória de mim. Pois todas as vezes que comeis deste pão e bebeis deste cálice anunciais a morte do Senhor até que Ele venha. Eis por que todo aquele que comer do pão ou beber do cálice do Senhor indignamente será réu do Corpo e do Sangue do Senhor. Por conseguinte, que cada um examine a si mesmo antes de comer deste pão e beber deste cálice, pois aquele que come e bebe sem discernir o Corpo do Senhor, come e bebe a própria condenação" (**1Cor 11,23-29**).

Estas palavras duras e claras de S. Paulo são dirigidas à comunidade cristã de Corinto, na qual alguns fiéis tomavam a comunhão sem preparação e sem convicção profunda de que recebiam o verdadeiro Corpo e o verdadeiro Sangue de Jesus.

Até aqui concluímos que Jesus está presente na hóstia consagrada, realmente, com seu corpo, sangue, alma e divindade. Esta é a fé dos apóstolos da Igreja primitiva. É a nossa fé. Quem duvida ou quem nega esta verdade, nega todo o cristianismo, pois *a Eucaristia é o coração da Igreja.*

De que modo Jesus se torna presente na Eucaristia?

Jesus tinha na mão um pão e falou assim: Este pão é o meu corpo. Os acidentes, isto é, a cor, o cheiro, o peso etc., ficaram os mesmos, porém houve uma mudança intrínseca. A substância do pão passou a ser a substância do corpo de Cristo, como a substância do vinho passou a ser a substância do sangue de Jesus. Este milagre chama-se *Transubstanciação*, isto é, passagem de uma substância para outra. É um fato único e na natureza não existe outro igual, pois é realizado unicamente pelo poder divino do Criador. Os nossos sentidos não percebem, a razão é incapaz de entender, mas a fé nas palavras de Jesus deve ser firme e forte, pois só Ele tem palavras de vida eterna, e suas palavras são espírito e vida.

Por que Jesus ficou entre nós na Eucaristia?

S. Tomás de Aquino enumera três motivos (**Suma Teológica 3,75,1**):

1º) A Eucaristia é o sacrifício da nova lei. Por meio deste sacrifício nós oferecemos ao Pai Eterno, não uma vítima simbólica, como faziam os judeus no AT, mas uma vítima real, o próprio Senhor Jesus Cristo, presente no altar.

2º) Este mistério da presença real de Cristo na Eucaristia serve também para excitar e exercitar a nossa fé, pois neste sacramento são ocultadas aos nossos sentidos tanto a divindade como a humanidade do Salvador.

3º) Jesus ficou na Eucaristia porque Ele é nosso amigo e porque nós precisamos dele. Porque precisamos da presença dele. Se Ele é amigo e irmão, devia estar conosco até o fim dos séculos. Porque, sozinhos neste mundo cheio de trevas e perigos, nos perderíamos. E Ele, estando conosco, vindo ao nosso coração, é o nosso alimento espiritual, a nossa força, o segredo das nossas vitórias e da nossa felicidade, pois Ele mesmo tinha dito: "Sem mim nada podeis fazer". Isto é um mistério, mas é um mistério de amor. Para acreditar nesta verdade só é preciso acreditar que *Deus é Amor. A Eucaristia é o sacramento ao amor.*

A Eucaristia é sacramento e mistério da unidade

É mistério da unidade em dois sentidos:

Porque nos une a Cristo intimamente.

De fato, a Eucaristia contém o corpo, o sangue, a alma e a divindade de Jesus Cristo. É o Cristo todo, o Cristo verdadeiro, como quando andava pela Palestina, pregando, curando, dando paz etc. Cada um de nós, quando recebe a comunhão, recebe todo o corpo, toda a alma e toda a divindade de Jesus no seu coração:

"Quem come a minha carne e bebe o meu sangue, permanece em mim e eu nele" (**Jo 6,56**).

E Paulo, com a mesma certeza absoluta, reafirma:

"E o pão que partimos não é a comunhão com o corpo de Cristo?" (**1Cor 10,16**).

Entre Jesus e aquele que comunga há uma comunicação de vida. Nunca estamos tão unidos a Cristo como na comunhão. É o momento culminante da vida do cristão. Naquele breve instante somos como que transformados, deificados, mergulhados na divindade. Levamos Jesus no nosso coração, como Maria o levou em seu seio puríssimo. É o *mistério da unidade*. Neste mistério, Jesus nos comunica a sua graça, nos dá a sua força, coragem para enfrentar a vida. *A comunhão é o segredo aos fortes*. Nós somos fracos. Ele é forte. Nós temos medo do mundo. Ele venceu o mundo!

Cada um deve experimentar o que Jesus realiza na alma, quando o recebemos dignamente, conscientemente.

Quantos, mesmo entre os cristãos, ainda não descobriram que *Ele está presente entre nós, conosco, todo dia, para ser a nossa força, o nosso alimento espiritual, o nosso segredo para vencer sempre*.

Por isso, há entre nós muitos fracos, muitos medrosos, muitos que duvidam, muitos angustiados, muitos desesperados... eles não sabem que Ele está tão perto!

A Eucaristia nos une a todos os cristãos da terra

A Eucaristia é o sacramento da união, não só porque nos une intimamente a Cristo, mas também porque nos une aos irmãos em Cristo. Antigamente, o significado de união era entendido só nesse sentido. De fato, todos os que recebem o corpo de Cristo recebem o mesmo alimento, a mesma comida espiritual. É a graça divina, a vida divina, a mesma vida divina de Jesus, participada a nós. Comungamos todos do mesmo pão. Recebemos todos o mesmo alimento espiritual. Formamos todos um só corpo. É a união total em Cristo. *É a Igreja de Jesus.*

"Já que há um só pão, nós, embora muitos, somos um só corpo, visto que todos participamos desse único pão" (1Cor 10,17).

Como o vinho é o resultado de muitos cachos de uva, como o pão é o resultado de muitos grãos de trigo, assim a Igreja, Corpo Místico de Cristo, é um todo único, um Povo único, onde todos são irmãos pois têm a mesma vida espiritual. Eis por que *a Eucaristia é o sacramento da unidade.* Eis por que, quando o cristão recebe a Comunhão, deve sentir-se em paz com todos. Se foi ofendido, se lhe fizeram injustiças ou disseram calúnias, deve sempre perdoar, esquecer e sentir-se em paz. Do contrário, não poderia receber Cristo em seu coração. À mesa da comunhão não há diferença entre ninguém. O pobre e o rico, o empregado e o patrão, o poderoso e o fraco, todos recebem o mesmo alimento espiritual e se sentem irmãos. Cristo Jesus é o centro da unidade. É força, amparo, coragem, segredo da paz de todos. Nele e por Ele todos encontram o caminho da unidade e do amor.

Você já sabia que Jesus está tão perto de você? Você já sabia que Jesus ficou porque é nosso amigo em todo momento e em qualquer circunstância? A sua fé na presença real de Cristo na

Eucaristia é firme, forte, total? Qual é o caminho do cristão para resolver todos os seus problemas?

Para refletir e responder

– Quem não acredita na presença real de Jesus na Eucaristia recusa todo o cristianismo. Por quê?

– Por que Jesus ficou na hóstia consagrada?

– Por que a Eucaristia é o sacramento da unidade?

37ª lição

Presença de Jesus Cristo no mundo por meio da Igreja

A presença de Cristo no mundo é universal e palpável, pois tudo o que há de bom, de santo, tudo o que faz amar a vida, continuar a vivê-la, apesar dos imensos sacrifícios, tudo é obra de Cristo.

A presença do bem no mundo é sempre maior do que a presença do mal, também se este último aparece mais facilmente. Ao lado de quem mata, de quem rouba, de quem explora o pobre, de quem comete injustiças e de quem pratica o egoísmo, há sempre um número imensamente maior que sabe amar, sofrer, perdoar, sacrificar-se pelo irmão e doar a sua vida em holocausto para o bem da humanidade.

Tudo isso porque a presença de Cristo no mundo é uma presença contínua e vivida.

"Tal presença, no sentir de nosso povo, está unida inseparavelmente à presença da Igreja, porque através dela é que o Evangelho de Cristo ressoou em nossas terras" (Puebla n. 221).

A Igreja é Cristo vivo continuado da história.

"Mas a Igreja é também depositária e transmissora do Evangelho. Prolonga na terra, fiel à lei da encarnação visível, à presença e à ação evangelizadora de Cristo" (Puebla n. 224).

"Além disso, Jesus aponta sua Igreja como caminho normativo. Não fica, pois, a discrição do homem a aceitá-la ou não, sem consequências: "quem vos ouve a mim ouve, quem vos rejeita é a mim que rejeita" (**Lc 10,16**). Foi o que o Senhor disse aos seus apóstolos.

Por isto mesmo aceitar a Cristo exige aceitar a sua Igreja" (Puebla n. 223).

"Esta Igreja é uma só: a que foi edificada sobre Pedro e que o próprio Senhor denomina "Minha Igreja" (**Mt 16,18**).

Só na Igreja Católica é que ocorre a plenitude dos meios de salvação (**UR 36**), legadas por Jesus aos homens, mediante os apóstolos. Temos por isso o dever de proclamar a excelência de nossa vocação à Igreja Católica (**LG 14**).

Esta vocação é ao mesmo tempo imensa graça e responsabilidade (Puebla n. 225).

A Igreja é mãe do cristão. É na Igreja que nascemos cristãos, pelo batismo. É na Igreja que aprendemos a pronunciar o nome de Deus nosso Pai e a balbuciar as primeiras orações.

É na Igreja que somos confirmados na fé, através do Sacramento da Crisma.

É na Igreja que somos fortalecidos com o Pão de Deus, a comunhão, que é alimento espiritual para nossa alma.

É a Igreja que nos dá o perdão dos nossos pecados, por meio do Sacramento da Confissão.

É na Igreja que os cristãos se unem para sempre no vínculo do amor, para formar um lar cristão.

É na Igreja que se desenvolve toda a nossa vida e a nossa atividade de cristãos, nas festas, nos encontros dominicais, nas reuniões.

É na Igreja que nós oferecemos a Deus nosso trabalho, nosso suor, nossas dificuldades, nossa vida toda, para juntá-la ao Corpo e ao Sangue de Cristo no altar, para tornar-se sacrifício, e que Deus transforma em motivo de salvação.

É a Igreja que nos prepara, no fim de nossa vida, para o supremo passo para a eternidade, por meio da unção extrema.

A Igreja é Cristo continuado na história. A Igreja é Cristo vivo que continua no nosso tempo, e continuará até o fim, a pregar a sua Palavra de Vida, a COMUNICAR AOS HOMENS a vida de Deus – a graça –, a dar o seu perdão aos pecadores arrependidos, a fortalecer os cristãos com o Pão da Eucaristia, a consolar os cristãos nas suas aflições e a libertá-los de seus problemas, e dar-lhes coragem e ânimo para sempre vencer na vida. A Igreja é Cristo, esperança e certeza de salvação.

Para refletir e responder

– Você que pertence à Igreja, e é Igreja, como apresenta Cristo ao mundo de hoje?

– Há quem só critica e fala mal de sua Igreja. Que dizer daquele filho que fala mal de sua mãe?

– Sabe exprimir a alegria e a segurança íntima de pertencer à verdadeira Igreja que salva?

38ª lição

Missão profética do cristão no mundo de hoje

Profeta é aquele que fala em nome de Deus. É aquele que defende os direitos de Deus. É aquele que destrói os ídolos do mundo, para reconduzir os homens a adorar o único Deus verdadeiro.

Profeta é o mensageiro de Deus; é o homem de Deus no mundo, para reconduzir o mundo a Deus.

O cristão, pelo batismo, é uma nova criatura.

É incorporada a Cristo e à sua Igreja.

"SE ALGUÉM ESTÁ EM CRISTO É UMA NOVA CRIATURA" (2Cor 5,17).

Esta incorporação a Cristo é definitiva, pois imprime no cristão um sinal espiritual e indelével, que não se pode apagar.

Este sinal é o caráter de cristão.

"Deus nos marcou com o seu selo (caráter) e colocou o espírito em nossos corações" (2Cor 1,22).

"Todos participamos da missão profética da Igreja" (Puebla n. 377).

"Na força da consagração messiânica do batismo o povo de Deus é enviado para servir ao crescimento do Reino nos demais povos, é enviado como povo profético que anuncia o Evangelho ou faz discernimento das vozes do Senhor no coração da história.

Anuncia onde se manifesta a presença de seu Espírito. Denuncia onde opera o mistério da iniquidade"... (Puebla n. 267).

Por conseguinte:

a) O mundo onde o cristão vive é um mundo sem Deus, um mundo que procura mais a riqueza, o comodismo, que corre atrás de ídolos na moda, nos prazeres, nos cantores, nos craques do esporte...

O CRISTÃO-PROFETA deve anunciar ao seu mundo, na sua casa, no seu trabalho, na sua comunidade, que JESUS CRISTO, O FILHO DE DEUS, é o único Deus que pode salvar, o único Deus que realiza, o único Deus que nos ama. E deve anunciá-lo com veemência, com sua palavra, com seu comportamento.

b) O mundo onde o cristão vive é um mundo onde se fala de vingança, de rancores, de incompreensões, de individualismos, egoísmos...

O CRISTÃO-PROFETA deve anunciar o perdão, a compreensão e o amor.

"Perdoai também aos vossos inimigos". "Amai-vos uns aos outros como eu vos amei".

c) O mundo onde o cristão vive é um mundo cheio de angustiados, vazios, tristes, frustrados, inconformados....

O cristão deve levar a este mundo a sua segurança que é Cristo; a sua alegria, que é Cristo; a aceitação de sua vida, também quando é dura, pois Cristo é sua força.

d) O mundo onde o cristão vive é um mundo injusto, pois, ao lado de poucos que tudo possuem, há milhões de seres humanos que vivem na miséria e na fome mais triste.

O cristão deve levar a este mundo injusto o seu grito de protesto e de condenação de tal situação, colocando-se ao lado dos injustiçados.

e) O mundo onde o cristão vive é um mundo insensível, frio, alheio aos sofrimentos e necessidades dos homens.

O cristão deve levar a este mundo o seu calor humano e cristão, para levar todos a Cristo, amigo dos aflitos e sofredores.

f) O mundo onde o cristão vive é um mundo dividido, cheio de falsos profetas que deturpam a PALAVRA DE DEUS, e se aproveitam da pobreza e da ignorância dos pobres, para enganá-los e deixá-los mais pobres ainda, com promessas de falsas curas e falsos remédios...

O cristão, que professa a autêntica doutrina de Cristo, enfrenta com veemência esses espertalhões e procura instruir seus irmãos contra semelhantes exploradores.

O cristão é um comprometido com Cristo e com o mundo.

Com Cristo, porque se revestiu dele e dele é profeta.

Com o mundo, porque deve levá-lo a Cristo.

"Devemos apresentar Jesus de Nazaré compartilhando a vida, as esperanças, as angústias do seu povo e mostrar que Ele é o Cristo, crido, proclamado e celebrado pela Igreja" (Puebla n. 176).

Para refletir e responder

– Quem é o cristão-profeta?

– Por que mais vale um cristão-profeta, do que mil cristãos acomodados?

– Qual é o meio mais fácil e eficaz para levar as pessoas de seu convívio a se interessarem por Cristo e pela Igreja?

39ª lição

A Igreja e os pobres

Os pobres e desamparados sempre foram os prediletos de Deus e da Igreja.

– No Antigo Testamento:

Deus criou a terra para sustentar a todos, mas vendo o cruel egoísmo de muitos em apoderar-se dos bens da terra em detrimento dos mais pobres, assim determina: "não prejudicará o assalariado pobre e necessitado, quer seja ele um dos teus irmãos, quer seja um estrangeiro, quer more contigo em tua terra. Dar-lhe-às o seu salário no mesmo dia, antes do pôr-do-sol. Porque ele é pobre e espera impacientemente por sua paga" (**Dt 24,14**).

– Os profetas, falando em nome de Deus, condenam com veemência os ricos, que a detrimento do pobre juntam casas sobre casas, campos sobre campos.

"De que serve a mim a multidão de vossas vítimas? Já estou farto de holocaustos de cordeiros e da gordura de novilhos cevados... Quando multiplicais vossas preces eu não ouço. Cessai de fazer o mal. Fazei justiça ao órfão, defendei a viúva" (**Is 1,11-12**).

Deus ama o pobre, e qualquer injustiça contra ele significa ruptura da amizade com Ele.

– Novo Testamento:

Jesus veio salvar a todos, mas a sua atenção carinhosa foi para com os mais pobres.

"Bem-aventurados vós que sois pobres, porque vosso é o reino dos céus. Bem-aventurados vós que tendes fome, porque sereis saciados" (**Lc 6,20-21**).

– "Porventura não escolheu Deus os pobres deste mundo para que fossem ricos na fé, herdeiros do Reino prometido por Deus aos que amam?" (**Tg 2,5**).

– "Chorai, ó ricos, soltai gritos por causa das misérias que virão sobre vós... Eis que o salário que defraudastes aos trabalhadores que ceifavam os vossos campos clama, e o clamor deles subiu aos ouvidos do Senhor dos exércitos" (**Tg 5,1-5**).

– Na Igreja Primitiva.

"E todos os fiéis estavam unidos e tinham tudo em comum. Vendiam as suas propriedades e seus bens e distribuíam o lucro entre todos segundo as necessidades de cada um" (**At 2,44**).

Os Padres da Igreja

São Basílio descreve os bens da terra como lugar público, fontes públicas, onde cada um tem direito de tomar o necessário para si e sua família.

São João Crisóstomo assim escreve: "Não deveis dizer: eu gasto o que é meu, eu gozo daquilo que é meu. Não. Não daquilo que é vosso, mas daquilo que é do outro".

Todos os Santos Padres, como os profetas, defenderam o direito que os pobres têm em possuir o necessário para viver em base na justiça divina que criou a terra e todos os bens da terra para sustentar a todos, e não só a alguns poucos. Por isso a Igreja, desde o começo, tomou a defesa dos mais pobres, dos velhos, das crianças abandonadas, dos oprimidos...

Em todas as nações, inclusive o Brasil, as escolas, os asilos para velhos abandonados, colégios para crianças pobres, hospitais..., foram criados por iniciativa da Igreja.

As grandes encíclicas dos papas para os tempos modernos

Nos tempos modernos, quando surgiram doutrinas ateias e iníquas que lançavam o homem contra o homem por meio da exploração mais suja e por meio da violência e da luta de classes, nasceram do coração da Igreja as grandes cartas encíclicas dos papas, para orientar o mundo na solução justa e cristã do problema social, conforme a mentalidade e as necessidades dos novos tempos,

– RERUM NOVARUM – a primeira grande encíclica publicada por Leão XIII no dia 15 de maio de 1891. Nesta encíclica, o papa condena os abusos horríveis do capitalismo, como também os erros absurdos que o comunismo nascente espalhava pelo mundo, como reação ao capitalismo selvagem da época. Enfim, o papa coloca os princípios fundamentais para a solução racional e cristã do problema social.

– QUADRAGÉSIMO ANNO – publicada por Pio XII em 1931, para comemorar os quarenta anos da "Rerum Novarum".

– MATER ET MAGISTRA – de João XXIII em 1961.

– PACEM IN TERRIS – também de João XXIII em 1963.

– POPULORUM PROGRESSIO – de Paulo VI em 1967.

– LABOREM EXERCENS – de João Paulo II, em 1981, para comemorar os 90 anos da "Rerum Novarum".

– SOLICITUDO REI SOCIALIS – de João Paulo II em 1987.

– CENTÉSIMOS ANNUS – também de João Paulo II em 1991, no centenário da "Rerum Novarum".

Estes documentos são o compêndio do pensamento social da Igreja para os nossos tempos. É a doutrina do Evangelho aplicada aos nossos tempos, conforme as necessidades e as modalidades. Têm como preocupação fundamental a defesa dos direitos dos mais pobres e necessitados e "o desenvolvimento integral do homem e de todos os homens".

Toda a Igreja da América Latina esteve reunida com seus representantes em Los Angeles de PUEBLA – México – do dia 27 de janeiro até o dia 13 de fevereiro de 1979, para estudar a "Evangelização no presente e no futuro da América Latina".

Foi retomada a opção preferencial pelos pobres, já feita em Medellín. Uma opção clara, límpida, cristalina. A Igreja deve colocar-se ao lado dos mais pobres e marginalizados, com mais empenho, mais união e profundidade, encarnando em si a missão de Jesus Cristo que veio salvar a todos. Sim, mas sobretudo os mais pobres.

Cristo nasceu pobre, viveu pobre, morreu nu, numa cruz nua. Assim, a Igreja deve rever suas estruturas e a vida de seus membros, sobretudo dos agentes de pastoral, com vistas a uma conversa efetiva (Puebla n. 1.157).

"Esta conversão traz consigo a exigência de um estilo de vida austero e uma total confiança no Senhor... Assim, apresentará uma imagem autenticamente pobre, aberta a Deus e ao irmão, sempre disponível, onde os pobres têm capacidade real de participação e são reconhecidos pelo valor que têm" (Puebla n. 1.158).

Pelo motivo que a situação de pobreza na América Latina é "escandalosa" e os desequilíbrios entre ricos e pobres tendem a acentuar-se sempre mais (Puebla n. 1.155), a Igreja usará os meios adequados para "estabelecer uma convivência humana digna e a construir uma sociedade justa e livre" (Puebla n. 1.154).

Conclusão

A pobreza no mundo é fruto do egoísmo e da injustiça de muitos. A Igreja é fruto da doação, do sacrifício e do amor maior de Jesus Cristo.

Por conseguinte, o egoísmo e a injustiça nunca poderão conviver com a Igreja.

"ESTE É O MEU MANDAMENTO: AMAI-VOS UNS AOS OUTROS COMO EU VOS AMEI".

Onde há amor não há lugar para o egoísmo e a injustiça. Há muitos julgadores apressados que pensam assim: antes de Puebla a Igreja estava ao lado dos potentes; depois de Puebla a Igreja se colocou ao lado dos pobres.

Nada há de mais errado do que pensar assim. A Igreja sempre ficou ao lado dos pobres. Os pobres sempre foram considerados com carinho pela Igreja, e foram defendidos e amparados, em todas as épocas. Mas, se houve épocas em que alguns membros da Igreja se aliaram ao poder político e econômico, não foi a Igreja como tal, mas simplesmente o desvio de alguns de seus membros. A opção preferencial pelos pobres feita em Medellín e Puebla não é algo de novo na Igreja, pois de fato sempre foi assim desde o começo, mas veio marcar e reafirmar com palavras mais nítidas, mais francas e mais radicais e com maneiras que os tempos exigem a defesa dos mais pobres entre os homens.

A maneira inumana e deprimente em que vive e é obrigada a viver grande parte da população do mundo deve despertar a consciência de todos os cristãos do mundo, para que, na prática consciente do nosso mandamento do amor, possamos construir um mundo mais justo, mais habitável e mais cristão.

Para refletir e responder

– *Qual foi a atitude dos profetas e Santos Padres diante do egoísmo dos ricos?*

– *Qual o objetivo de Puebla em relação aos pobres?*

– *Em sua comunidade há pobres? O que se faz para eles? O que se poderia fazer?*

40ª lição

A vida da Igreja: a Graça

A felicidade é possível? Existe? Onde está? A vida de cada ser humano é uma correria atrás da felicidade. Mas qual felicidade?

Aqui é que se distinguem os homens entre os bravos e os medíocres.

Os primeiros não se satisfazem em alcançar *ideais* materiais, isto é, os que saciam a barriga, os sentidos e os desejos de natureza física... mas vão mais além... Procuram algo mais que satisfaça totalmente o homem na sua totalidade.

Os segundos, isto é, os moles e medíocres, os que querem ignorar as belezas e as alturas sublimes às quais Deus os chamou, se satisfazem em alcançar ideais humanos, físicos, colocando todos seus esforços para procurar riquezas, prazeres, honrarias... e quando os alcançaram, permanece nos seus corações a frustração, a angústia, o vazio interior.

Estes, pensando terem alcançado sua realização, de fato, alcançaram seu desespero total.

O motivo disto está no fato que o ser humano além do corpo físico tem também o espírito.

O espírito é a parte mais sublime e mais importante do ser humano. E satisfazendo só a parte física, deixando de satisfazer a parte espiritual, o homem cria em si um *desequilíbrio* total em sua vida.

Para que o homem readquira seu *equilíbrio total* – é preciso que ele procure um *ideal completo* – que satisfaça totalmente a sua parte física e sua parte espiritual. Quando o homem se satisfaz só com seu ideal material, ele não passa de seu nível animal, ficando ao lado do cão, do sapo e de todos os animais.

Quando, ao contrário, o homem procura seu *verdadeiro ideal* para o qual foi criado, então o homem se projeta no *infinito*. E poderá alcançar a *felicidade total*.

Esta felicidade existe? É possível? – É. Mas só para os fortes.

A verdadeira felicidade: a graça

Há outra *realidade* que pode fazer *grande o homem*, que pode eternizar o homem. É a *graça*.

A graça é a única realidade que engrandece o homem, que o faz aceito e amado por Deus para sempre.

A graça é a única grandeza, a única *riqueza* que vale a pena lutar, suar, para adquiri-la e aumentá-la.

O supremo valor da vida

Diante de Deus o homem tanto vale quanta graça possui.

O ser mais miserável, mais pobre, mais desgraçado aos olhos do mundo, vale mais do que um rei, um papa, um presidente da República, se ele possuir mais graça.

Todos os valores da vida, como trabalho, riqueza, fama, qualidades, realizações... adquirem valor se servirem à graça.

A inteligência, as qualidades morais e intelectuais, para nada servem, se não aumentarem a graça.

– De todos os versos de Dante, de todas as pinceladas de Raffaello, de todos os esforços do Aleijadinho... de todas as obras-primas dos gênios e artistas da humanidade... não ficará nada senão o tanto que mereceram para produzir ou aumentar a graça.

Todas as obras exteriores: construções de igrejas, hospitais, asilos, procissões, esmolas... ficarão sem valor se não produzirem mais graça.

"O que não se torna graça não vale nada".

Quem, no momento da morte, não possuir a graça, sua vida foi um fracasso total, pois não terá alcançado o *ideal*.

A felicidade à qual Deus o chamou e para a qual foi criado.

A graça é a chave de todo nosso destino.

O que não é a graça

– Não é uma ajuda, um socorro, um favor que a gente pede a Deus em certas circunstâncias difíceis.

– Não é um perdão de Deus, nem uma diminuição de pena que Deus concede, como faria um chefe de estado que muda a pena de alguém de mais grave em menos grave.

– Não é também aquele certo fervor religioso que a gente experimenta no coração, como uma espécie de agradável estado psicológico, quente e íntimo – percebível com nossa sensibilidade, quando realizamos um ato bom, ou quando nos encontramos sozinhos num lugar ou na Igreja e rezamos alguma coisa...

Estas satisfações sentimentais, estas consolações sensíveis, não são a graça...

O que é a Graça

Para entender melhor a *Graça é* preciso analisar, primeiro, alguns textos da Escritura Divina.

Em alguns textos do Antigo Testamento lemos que o povo judeu e alguns justos "encontraram graça diante de Deus".

– Noé encontrou graça diante do Senhor" (**Gn 6,8**).

– Deus falou a Moisés – "Eu te conheço pelo nome, e encontraste graça diante de mim" (**Ex 33,12**).

– "Não temas, Maria, pois encontraste *graça* diante de Deus" (**Lc 1,30**).

Acontece que o homem pecador não pode *agradar a Deus*. Não tem nada dentro de si ao ponto de atrair sobre si a benevolência e a amizade de Deus.

Por conseguinte, para o homem ter em si algo que *agrada a Deus*, é preciso pensar que o mesmo homem tenha recebido de Deus *algo* que é de Deus. É preciso que Deus *comunique* ao homem que agrada a Deus algo de divino. É São Paulo que nos esclarece bem o significado deste *algo* e a sua proveniência e em que consiste.

– "Somos gratuitamente justificados pela sua *graça*" (**Rm 3,24**).

– "Pela *graça* de Deus sou o que sou" (**1Cor 15,10**).

– "Justificados pela sua *graça*, nos tornamos herdeiros da vida eterna" (**Tt 3,7**).

– " Cada um possui a graça conforme o beneplácito de Cristo" (**Ef 4,7**).

Daqui se entende que Deus dá ao homem um *dom* que transforma o homem interiormente, santifica o homem interiormente, e, ao mesmo tempo, coloca no homem a Santidade de Deus,

A graça então é um *dom* divino que apaga em nós a mancha de pecado e nos da uma *nova perfeição, semelhante à perfeição de Deus.*

Deus é *perfeição, é santidade, é bondade, é amor. É vida total.*

Pela graça, nós recebemos de Deus *uma participação* a esta *perfeição, santidade, bondade, amor e vida de Deus.*

O ser humano que recebeu a *graça* significa que recebeu de Deus a *vida de Deus* – e a vida *sobrenatural.* A vida *sobrenatural* é a *graça.*

Pelo motivo que Deus é *amor total,* e nos ama de verdade, nos deu a santidade pela qual nos tornamos semelhantes a Ele. Nos tornamos *agradáveis* a *Ele.* Ter a *graça* significa *ser* amado por Deus.

Na criação Deus é *amor* que dá.

Na *graça* Deus é *amor* que se *dá.*

Viver na graça de Deus significa ser objeto de um *amor especial e digno de Deus.*

Agora podemos compreender a plenitude de graça de Maria.

"Ave Maria, *cheia de graça...*" (Lc 1,28).

Cheia de graça significa que Maria é simplesmente o objeto do maior amor de Deus. De um amor sem limite.

Quem possui a graça é objeto do *amor* infinito de Deus.

O que tem a graça significa que Deus encontra nele toda complacência, todo agrado, toda perfeição que se assemelha à sua perfeição divina.

Como devemos receber este *dom* divino?

Amando-nos, Deus nos convida a amá-lo.

A graça é um convite para re-amar a Deus como Ele nos ama.

A Revelação Divina é uma declaração de amor à toda a humanidade.

Declaração de amor a Maria, por meio do anjo.

Declaração de amor de Deus a todos os homens no dia do batismo, e do Natal.

Todos os apóstolos, todos os mártires, todos os *cristãos*, são enviados ao mundo para que digam ao mundo que Deus nos ama.

Efeitos da graça

A transformação que Deus opera em nós por meio da graça nos faz *filhos de Deus – templos do Espírito Santo* – nos *incorpora a Cristo.*

Somos filhos de Deus

Primeira carta de S. João, capítulo três, versículo primeiro.

"Considerai com que amor nos amou o Pai, para que sejamos chamados filhos de Deus. E nós o somos de fato.

Há neste versículo do apóstolo do amor toda a realidade essencial da vida cristã, e do nosso destino ou ideal eterno.

Não somos somente criaturas. Somos filhos de Deus. Deus nos comunicou a sua vida divina e nos faz participantes de sua mesma natureza.

De que modo somos filhos de Deus?

Vamos explicar com exemplos.

– Um carpinteiro fabricou uma mesa. Pode-se dizer que esta mesa é filha do carpinteiro? Não. De jeito algum.

A mesa é obra do carpinteiro.

– Miguel Angelo esculpiu uma magnífica obra de arte – o Moisés. É tão perfeita que o gênio, ao término da obra, desferindo uma martelada na cabeça, exclamou:

– "Por que não falas?"

Pois bem, o Moisés, obra-prima de Miguel Angelo, pode-se chamar de filho de Miguel Angelo? Não. Mas obra de Miguel Angelo.

– Há um homem que tem um filho. Este último não é obra do pai, mas filho. Porque recebeu do pai a mesma natureza do pai.

Nós somos filhos de Deus porque recebemos dele a sua natureza divina. Recebemos de Deus a sua mesma vida divina. Aquela vida que Ele mesmo vive. Isto é o essencial em relação à graça.

Outros textos que revelam a mesma e grandiosa realidade.

– "O poder divino deu-nos tudo o que contribui para a vida e piedade, fazendo-nos conhecer aquele que nos chamou por sua glória e sua virtude.

Por eles temos entrado na posse das maiores e mais preciosas promessas a fim de tornar-nos, por este meio, *participantes da natureza divina...*" (**2Pd 1,3-4**).

Eis que agora podemos compreender por que Jesus nos ensinou a rezar a Deus: *Pai nosso...*

Deus é um Pai de verdade, pois nos comunicou a sua natureza divina por meio da graça. E nós somos seus filhos. E se somos filhos temos também direito à herança de Deus nosso Pai. Esta herança é a *felicidade total* na sua casa – o céu. Este é o verdadeiro *ideal do cristão.*

Gl 4,6-7; Rm 8,15-17

Primeira dificuldade

A participação da *vida divina* a nós não deve ser entendida em sentido panteístico, isto é, como transformação total da substância da alma na divindade. Não.

A infinita distância entre nós, criaturas, e Deus, Criador, fica no mesmo. Vamos explicar com um exemplo.

Lancemos um pedaço de ferro numa fornalha ardente. Sem perder sua natureza de ferro ele se torna ardente e luminoso como o fogo da fornalha e ilumina e arde como o fogo da fornalha.

Assim acontece na alma por meio da graça.

A alma não deixa de ser substância criada e finita, porém, ao mesmo tempo, possui a natureza de Deus.

Segunda dificuldade

Quem vive em graça é filho de Deus.

Perguntamos: Qual a diferença entre nós e Jesus Cristo?

Resposta: Jesus é Deus substancialmente, pela sua natureza divina. A natureza de Cristo é igual em tudo à do Pai.

O cristão em graça recebe a natureza divina participada, pelos méritos de Jesus Cristo que morreu por nós.

– Nós somos filhos de Deus *adotivos*.

Aqui precisa muita atenção.

A palavra *adotivo* não deve ser entendida ao modo dos homens.

A adoção humana não comporta mudança interior no adotado. O adotado fica o que era antes de ser adotado com a mesma natureza dos seus verdadeiros pais.

A adoção humana é só um ato jurídico exterior.

A adoção divina não é um simples ato exterior ou legal, mas é um ato real que nos transforma, realmente, em filhos de Deus. Esta transformação interior, esta participação real da natureza divina nós a chamamos *graça santificante*.

Terceira dificuldade

Não se deve confundir a espiritualidade da alma humana com as nossas faculdades naturais que são a inteligência e a vontade *com* a *graça divina*.

De fato, a nossa inteligência, a vontade, a memória etc., pertencem à natureza humana. São humanas, não divinas.

A *graça é divina* – enxertada na nossa natureza, nos torna filhos adotivos de Deus,

A inteligência e a vontade, qualidades espirituais, são exigências necessárias da natureza humana.

A graça é *dom sobrenatural*, isto é, não é devido à natureza humana, mas é *dom* de Deus, dado a mais pela sua bondade, porque Deus é *amor*.

Templos do Espírito Santo

A revelação nos ensina que em Deus há três pessoas: Pai Filho e Espírito Santo.

Estas três pessoas possuem a mesma natureza, mesma essência, mesma substância. A vida íntima do Pai e a vida íntima do Filho, e a mesma do Espírito Santo.

Agora, se a graça nos dá a vida de Deus Pai, nos dá ao mesmo tempo a vida do Filho e a vida do Espírito Santo.

A graça nos introduz em íntimos contatos de vida com as três divinas pessoas.

A graça faz habitar em nós o Pai, o Filho e o Espírito Santo.

O cristão em graça é templo da Trindade Santíssima. Isto que estamos dizendo não é pia exageração. É a verdade. É a doutrina da Igreja. É o Evangelho.

Vamos ouvir a palavra de Jesus: "Se alguém me *ama*, guardará a minha palavra, e meu Pai o amará, e *nós viremos a Ele e nele faremos nossa morada*" (**Jo 14,23**).

"Se alguém me ama", significa, se alguém possui a *graça*, "Viremos a Ele e nele faremos nossa morada".

Deus Pai, Deus Filho e Deus Espírito Santo – morará naquele que possuir a *graça.*

E assim somos introduzidos na vida íntima de Deus, e esta *vida íntima* de Deus se torna a nossa vida.

Por esta intenção Jesus rezou também para que seus amigos tenham a vida divina. Eis as palavras do Senhor: "Não rogo somente por eles, mas também por aqueles que por sua palavra hão de crer em mim. *Para que todos sejam um, assim como tu, Pai, estás em mim e eu em ti, para que eles estejam em nós, e o mundo creia que tu me enviaste*" (**Jo 17,21**).

Deus em nós, nós em Deus. Constituímos uma única família. A família divina. Esta é a finalidade de toda a criação.

O cristão em *graça* é *templo de Deus.*

Onde mora Deus, aí há um templo. Este templo é o coração do cristão que vive em *graça.*

São Paulo, escrevendo aos seus cristãos de Corinto, relembra esta verdade, e pensa que isto basta para que eles se lembrem da *altíssima dignidade à qual foram chamados.*

"Não sabeis que o vosso corpo é templo do Espírito Santo, que habita em vós, o qual foi dado por Deus?" (1Cor 6,19).

E ainda S. Paulo: "Se alguém destruir o templo de Deus, Deus o destruirá. Porque o templo de Deus, *que sois vós, é santo*" (1Cor 3,17).

Deus mora na casa íntima do cristão em graça. Agora entendemos também por que Jesus disse: Amai-vos uns aos outros como eu vos amei.

E também por que disse: "Amai também aos vossos inimigos".

Nas pessoas que encontramos, em qualquer lugar, pode morar Deus. Também naquele a quem não respeitamos, caluniamos, ou... pode morar Deus.

Elisabeth da Trindade passou sua vida santa adorando a Santíssima Trindade presente em seu coração, e rezava... "Ó Verbo Eterno, Palavra de Deus, quero passar minha vida a te escutar..."

E nós, percebemos a sua presença em nós?

De onde provêm todos os nossos vazios, angústias, medos?...

Se Deus mora em nós, por que existe tudo isso em nós? Encontre a resposta.

Terceiro efeito: Nos incorpora a Cristo

"Eu sou a *videira*, vós os ramos. Quem permanece em mim e *eu nele*, esse dá muito fruto. Porque sem mim *nada podeis fazer*" (Jo 15,5).

Nestas palavras do Senhor Jesus, que indicam bem claramente a nossa união de vida com Cristo, se fundamenta a doutrina do Corpo Místico de Cristo.

São Paulo também explica com uma comparação bem clara a mesma doutrina do Senhor Jesus.

"Como o corpo é um todo, tendo muitos membros, e todos os membros do corpo, embora muitos, formam um só corpo, assim também Cristo... Ora, vós sois o corpo de Cristo, e cada um, de sua parte, *é um dos seus membros*" (**1Cor 12,12.27**).

A identidade de pensamento entre Jesus e São Paulo é evidente.

Como os ramos (batizados) formam uma só coisa com o Tronco da Videira (Cristo), e vivem da mesma *seiva* que o Tronco, assim também nós, *unidos* a Cristo pela *graça*, vivemos da mesma *vida* de Cristo, e formamos um *único corpo, a Igreja.*

A Igreja somos nós e Cristo. Cristo, o Chefe; nós, os membros.

Como o sangue das veias é igual *para* todas as partes do corpo, e seja o da cabeça, como o dos membros, assim também a vida divina que Jesus vive é igual à que os membros da Igreja vivem, os cristãos em graça. O cristão então, vivendo da mesma vida de Cristo, é como uma continuação de Cristo na terra.

O cristão então é um *homem novo* – santificado, divinizado por Cristo, pela sua *graça.*

Eis por que São Paulo dizia: "Não sou eu que vivo. É Cristo que vive em mim"... (**Gl 2,20**).

A finalidade de toda a criação é "a plenitude de Jesus Cristo" – São Paulo.

Santo Agostinho chama este mistério: *O Cristo total*, isto é, Cristo no pleno desenvolvimento de sua vida em todos os homens, que são seus irmãos resgatados e santificados e divinizados por Ele, pelos seus méritos, e que vivem nele da mesma vida de Deus.

Isto é tanto verdade que fazia escrever a Santo Agostinho: "Cristo se fez homem para que o homem se tornasse Deus".

E também São João: "Àqueles que o escolheram deu o poder de se tornarem filhos de Deus" (Jo 1,12).

E o mesmo Jesus dizia: "Ninguém pode ir ao Pai, senão por mim".

E ainda Jesus: "Que todos sejam um, como *tu, ó Pai*, estás em mim e eu em *ti*. Que eles sejam *um* em *nós*" (Jo 17,11.20-23).

Conclusão

A graça diviniza todos os nossos atos

A graça nos faz frutificar em obras santas. Nos tornamos capazes de realizar ações santas, ações verdadeiramente divinas, das quais a graça é a fonte.

O Senhor Jesus disse a este respeito: "Não fostes vós quem me escolhestes, mas eu vos escolhi a vós, e vos constituí para que vades e *produzais frutos, e o vosso fruto permaneça*" (Jo 15,16).

E São Paulo, completando Cristo, diz: "Somos obras suas, criados em Jesus Cristo para as boas *ações*"... (Ef 2,10).

O *fruto* e as boas *ações* de que falam Jesus e São Paulo são obras de valor eterno, capazes de merecer prêmio em relação à felicidade eterna.

São ações e obras que adquirem *valor divino*. Valor que sempre terá qualquer ação, qualquer ato, o mais banal que seja, em relação à *vida eterna*.

Primeira grande consequência

Cada ato, o maior, de valor natural mais alto possível, que realce as mais altas virtudes do homem, um ato de gênio, heroico, um ato extraordinário e admirável aos olhos dos homens... *Se não for inspirado pela caridade e pela graça, se não for feito por amor a Deus, não tem valor sobrenatural algum, não serve a nada para a vida eterna.*

É só lembrar as palavras do Senhor Jesus: "Sem mim nada podeis fazer".

E também *Imitação de Cristo* lembra: "Sem a graça os nossos méritos e os dons da natureza não contam nada. As artes, as riquezas, a força, a beleza, o gênio e a eloquência não têm valor algum. O Senhor, aos vossos olhos, sem a *graça*".

Porque os dons da natureza são comuns aos "bons e aos maus. Mas a graça e a caridade são próprias dos eleitos.

Os fiéis de Corinto desejavam todos alguns dons extraordinários. Alguns desejavam fazer milagres, outros falar línguas, outros pregar e outros profetizar...

São Paulo respondeu a todos assim: "Aspirei aos dons que são os melhores. Mas agora vos mostrarei entre todos o caminho excelente.

Ainda que eu falasse as línguas dos homens e dos anjos, se não tiver caridade, sou como o bronze que soa, ou como o címbalo que retine. Mesmo que eu tivesse o dom da profecia, e conhecesse todos os mistérios e toda a ciência; mesmo que tivesse toda a fé, a ponto de transportar montanhas, se não tiver caridade, não sou nada. Ainda que distribuísse todos os meus bens em sustento dos pobres, e entregasse o meu corpo para ser queimado, se não tiver caridade, isto nada me aproveita" (1Cor 12,31; 13,1-4).

Todas as ações, feitas sem amor de Deus, são perdidas para a eternidade.

Segunda grande consequência

A ação mais ordinária, mais banal, mais simples, feita pela pessoa mais humilde, mais esquecida, mais pobre e escondida, uma ação que não requer esforço, nem sacrifício, mas que tenha a *caridade por motivo*, *e* seja feita por amor a Deus, tem *um valor e merecimento sobrenaturais e conduz à vida eterna*. E Jesus que confirma: "Nem um copo d'água, dado por meu amor, ficará sem recompensa" (**Mc 9,41**).

O motivo que diviniza todos os nossos atos bons é a caridade, a qual é fruto da graça.

Os atos feitos em caridade são valorizados ao infinito.

As ações feitas por amor a Deus são como cheques assinados, *com fundo absolutamente certo*.

Os atos feitos sem caridade, que não tenham por motivo o amor de Deus, são como cheques assinados, *sem fundos*, isto é, são perdidos para sempre.

Maria Santíssima quando lavava, costurava, apanhava água, ou preparava a comida, merecia infinitamente mais do que aquele que realizava obras grandiosas, mas não inspiradas pelo amor a Deus.

Santa Catarina de Sena dizia: "Sereis recompensadas, não conforme o tempo e o trabalho, mas conforme o grau de amor com que tereis desempenhado os vossos afazeres".

São João da Cruz, o maior místico da Igreja, chegou a dizer: "Vale mais um ato de amor puro, do que todas as obras materiais da Igreja".

Santa Teresa de Ávila realizava seus inúmeros afazeres sempre com um amor ardente e total para com seu Deus. Um dia o Senhor apareceu e lhe disse: "Teresa, se não tivesse criado o céu e a terra, somente para ti os criaria".

Santa Teresinha do Menino Jesus, da mesma escola de Santa Teresa e São João da Cruz, se tornou grande Santa através das pequenas coisas, mas sempre feitas por amor, e com grande amor a Deus.

Finalmente, para salvar-se cada um deverá não realizar grandes coisas, mas fazer as pequenas coisas de cada dia com grande amor a Deus.

A graça divina transforma estas pequenas coisas de nossa vida em *grandes coisas* para a *vida eterna*.

A graça é então a *vida divina em nós*, que cria em nós *um homem novo, uma nova criatura*, que nos *compromete com Deus* (porque seus filhos), *com Cristo* (porque seus irmãos) e *com o divino Espírito Santo* (porque dele somos templos) e *com o mundo inteiro* (porque devemos levar a ele este *ideal*, que é a *vida em graça*.

Para refletir e responder

– *Diga com suas palavras o que é a* graça.

– *Por que a* graça *não pode ser merecida com os nossos esforços?*

– *Por que Jesus disse de amar também os nossos inimigos?*

– *Quando é que as ações, as menores que sejam, podem valer infinitamente?*

– *Quem é* o homem novo em Jesus Cristo, *e qual seu compromisso com o mundo?*

41ª lição

A alma da Igreja

O Divino Espírito Santo

Deus é uno e trino. Uno porque o Pai, o *Filho e o Espírito Santo* possuem a mesma natureza, a mesma substância e a mesma essência.

Trino nas pessoas, porque o Pai é distinto do Filho. Porque o Filho é distinto do Espírito Santo. E porque o Espírito Santo é distinto do Pai e do Filho.

Este é o mistério da Santíssima Trindade. Nós sabemos que é assim porque Jesus o revelou.

Mas a nossa razão nunca poderá entender a natureza íntima deste mistério. Somente poderemos compreender quando contemplarmos Deus face a face e a nossa inteligência será elevada até o infinito para poder compreender o infinito.

O Espírito Santo é Deus como o Pai e como o Filho

Prova da Escritura

– "Três são os que dão testemunho: O Pai, o Verbo e o Espírito Santo; e esses três são *um só*" (**1Jo 5,7**).

– Só Deus pode perdoar os pecados e santificar a alma. O batismo purifica e santifica a alma. O batismo é administrado em nome do Pai, do Filho e do Espírito Santo.

"Ide, pois, ensinai todas as gentes, batizando-as em nome do Pai, do Filho e do Espírito Santo" (**Mt 28,19**).

– A Confissão é o sacramento do perdão de Deus. Ao entregar o poder de perdoar os pecados aos apóstolos, Jesus disse: "*Recebei o Espírito Santo*, aqueles a quem perdoardes os pecados ser-lhes-ão perdoados" (**Jo 20,22-23**).

– São Paulo, escrevendo aos seus de Corinto, diz que o corpo do cristão é templo do Espírito Santo, templo de Deus.

"E não sabeis que o vosso corpo é templo do Espírito Santo que está em vós, porque o recebeste de Deus e que já não pertenceis a vós mesmos?... Glorificai pois a *Deus no vosso* corpo" (**1Cor 6,19-20**).

– Enganar ao Espírito Santo é enganar a Deus.

"Como foi que satanás se apossou de tua mente para te induzir a enganar o *Espírito Santo?...* Tu não enganaste criatura humana, *mas a Deus*" (**At 5,3-4**).

– No batismo de Jesus no Rio Jordão, enquanto João Batista batizava a Jesus, ouviu-se uma voz do céu que disse:

"Este é o meu filho bem amado, no qual pus minhas complacências". Aqui é evidente a presença do Pai que fala, do Filho que é batizado, e do Espírito Santo que "em figura de pomba descia e vinha sobre ele" (**Mt 3,16-17; Mc 1,10-11; Lc 3,22**).

Missão do Espírito Santo na Igreja

Iluminar-Fortificar-Santificar

A missão do Espírito Santo é iluminar a Igreja, recordando aos apóstolos a verdadeira missão do Messias e abrindo a eles a inteligência para compreenderem os ensinamentos que receberam de Cristo.

– "O Confortador, o Espírito Santo, que o Pai enviará em meu nome, ele vos *ensinará tudo e vos recordará tudo o que vos disse*" (Jo 14,26).

Sabemos que a Igreja de fato começou no dia de Pentecostes, quando o Espírito Santo desceu sobre os apóstolos. Além de ficarem iluminados e compreenderem o genuíno significado da mensagem de Jesus, os apóstolos receberam também uma força íntima, uma coragem extraordinária em anunciar o Evangelho, a tal ponto que eram irreconhecíveis.

Antes de receberem o Espírito Santo eram medrosos, lentos em entender as coisas de Deus, invejosos, briguentos, e muito fracos no amor do Mestre.

Basta pensar na negação de Pedro. Basta pensar na fuga dos apóstolos no Jardim das Oliveiras quando Jesus se entregou. Basta pensar no Calvário, quando Jesus foi crucificado, onde havia só Maria, sua mãe, e o discípulo predileto. Pedro e os outros estavam "espiando, olhando de longe", por medo de se envolverem.

Mas...

– "Ao chegar o dia de Pentecostes, achavam-se todos os discípulos reunidos no mesmo lugar, e veio subitamente do céu um ruído semelhante ao sopro de vento impetuoso que encheu toda a casa onde eles habitavam.

E apareceram línguas divididas, à maneira de fogo, e pousou uma sobre cada um deles; e ficaram todos *cheios do Espírito Santo e começaram a falar em outras línguas, segundo o Espírito Santo* lhes concedia que se exprimissem" (At 2,1-4).

...depois que receberam o Espírito Santo, e Pedro e os outros apóstolos ficaram totalmente transformados, e cheios de coragem e fé, anunciavam a mensagem de Cristo com empenho e bravura. Espalharam-se por toda parte e pregavam em nome de Jesus.

Foram presos, torturados, maltratados, caluniados.

Todos morreram mártires para testemunhar Cristo. Tudo isso por obra do Espírito Santo, que os transformou, os santificou, os fortificou.

É o Espírito Santo que santifica e governa a Igreja

– A santificação do mundo começou na Encarnação do Verbo. E foi por obra do Espírito Santo que Maria concebeu o Filho de Deus (**Lc 1,35**).

– Isabel foi a primeira a reconhecer o Filho encarnado no seio de Maria. Mas porque ficou "cheia do Espírito Santo" (**Lc 1,41**).

– Nós somos santificados no batismo pela ação do Espírito Santo.

"Fostes lavados, fostes santificados, fostes justificados em nome do Senhor Jesus Cristo e mediante o *Espírito de nosso Deus*" (**1Cor 6,11**).

– A Igreja é governada pelo Espírito Santo.

"Cuidai de vós mesmos e de todo rebanho sobre o qual o *Espírito Santo* vos constituiu bispos, para *apascentardes a Igreja de Deus*, que Ele adquiriu com seu próprio sangue" (**At 20,28**).

"Cristo ressuscitado e exaltado à direita do Pai infunde seu Espírito Santo sobre os apóstolos no dia de Pentecostes, e *depois sobre os que foram chamados*" (Puebla n. 198).

O Espírito Santo escolhe os apóstolos da Igreja.

"Separai-me Barnabé e Saulo para as obras a que os destinei" (**At 13,2**).

– O Espírito Santo estará sempre com a Igreja. Para iluminar, santificar, governar, transformar o mundo.

"Eu pedirei ao Pai e Ele vos dará outro *confortador para estar convosco para sempre, o espírito da verdade*, que o mundo não pode receber, porque não o vê nem o conhece. Vós, porém, o conheceis, porque habita em vós e em vós estará" (**Jo 14,16.17.25.26**).

– A pregação e a aceitação da Palavra de Deus depende da ação do Espírito Santo, e nos pregadores e nos ouvintes.

"Sabemos que a nossa pregação do Evangelho não se deu entre vós somente por palavras, mas também com obras poderosas, *com a força do Espírito Santo*, e com plena convicção" (**1Ts 1,4-5**).

– Para conhecermos as verdades de Deus e do nosso espírito é o Espírito Santo que age em nós.

– Nós não recebemos o espírito do mundo, mas o *Espírito que vem de Deus, a fim de conhecermos as coisas que, por Deus, nos foram prodigalizadas* (**1Cor 2,12-14**).

– Na nossa fraqueza temos que pedir a Deus as coisas necessárias para nós. É o Espírito Santo que nos sugere as coisas mais necessárias para o nosso bem.

"O Espírito Santo vem em auxílio de nossa fraqueza, *pois não sabemos o que devemos pedir, como nos convém. Mas o próprio espírito implora por nós com gemidos inexprimíveis*" (**Rm 8,26**).

– Para pertencermos a Cristo e à Igreja precisamos do Espírito Santo.

"Se alguém não tem o Espírito de Cristo, não lhe pertence" (**Rm 8,9**).

– A Igreja é um Corpo, com muitos membros. Cada membro é diferente. Cada membro tem uma missão específica.

Para cumprir esta missão, cada membro precisa de *dons*.

É o Espírito Santo que dá os *dons* à sua Igreja e a cada membro dela.

"A cada qual é dada a manifestação do Espírito para que redunde em vantagem comum. A um é concedido *por meio do espírito* a linguagem da sabedoria, a outros a linguagem da ciência, *segundo o mesmo espírito.*

A outro, a fé, mediante o mesmo *espírito...*

Todas essas coisas porém as produz o mesmo espírito, distribuindo a cada um os próprios dons conforme lhe agrada" (**1Cor 12,4-11**).

– O Espírito Santo é Autor de tudo o que temos e realizamos de bom e útil, para nós e para os outros.

"*O fruto do espírito é a caridade*, alegria, paz, paciência, afabilidade, bondade, fidelidade, mansidão, temperança" (**Gl 5,22**).

– Na ressurreição final retomaremos nosso corpo glorificado, *por meio do Espírito Santo.*

"Ora, se o Espírito daquele que ressuscitou a Jesus dos mortos habita em vós, esse, que dos mortos ressuscitou a Cristo Jesus, *vivificará também os vossos corpos mortais, por meio do seu espírito que habita em vós*" (**Rm 8,9-11**).

O Divino Espírito Santo é o *Espírito de amor*, que procede do *Pai* e do *Filho.*

É o mesmo *amor que há entre o Pai e o Filho.*

São Bernardo nos dá uma pálida ideia assim: "Se representarmos o Pai dando um beijo, e o Filho recebendo-o, o Espírito Santo será esse beijo, como se fosse do Pai e do Filho o vínculo indissolúvel, o amor inseparável, a unidade indivisível".

O Espirito Santo é a *alma da Igreja* que a vivifica, que a fortalece, que guia, que dirige, que santifica. O Espírito Santo é o *comunicador da vida divina nas veias ao Corpo Místico.*

O Espírito Santo é o *Amor de Deus* que se torna mais palpável, mais visível, mais realizável entre os membros do corpo místico.

Toda bondade do Pai, toda obediência do Filho se tornam visíveis e inteligíveis a nós, por meio do Espírito.

Toda resposta do homem ao amor de Deus se torna possível pela obra do Espírito Santo que nos transforma, nos eleva e deifica nossos atos.

Toda obra de Cristo e toda nossa cooperação à obra de Cristo não surtiriam efeito algum, sem a ação vivificadora do Espírito Santo.

O Espírito Santo é o *paráclito*, isto é, o *consolador*, isto é, o *defensor da Igreja e de cada membro dela.*

O Espírito Santo e o cristão

O Espírito Santo não foi dado somente aos apóstolos e à Igreja primitiva. Nós também recebemos o Espírito Santo quando fomos batizados.

O Espírito Santo apagou em nós toda espécie de imperfeição, nos santificou, nos uniu ao Cristo total, isto é, nos fez membros do Corpo Místico, a Igreja, e nos introduziu nos segredos infinitos do Amor de Deus.

Isto foi por meio do batismo.

Na crisma, recebemos a *confirmação* do Espírito Santo como membros responsáveis do Corpo Místico, a Igreja.

O Espírito Santo aumenta em nós sua ação santificadora na medida em que nós respondemos a seu convite.

Fulano de Tal semeou boa semente de soja na sua lavoura. Mas não cuidou mais da lavoura. Deixou crescer ervas daninhas, deixou o gado entrar na lavoura, descuidou totalmente. No tempo da colheita não colheu nada.

Assim é o cristão que recebeu no batismo e na crisma o *dom inestimável* do Espírito Santo, para crescer em santidade, bondade, amor, paz, fraternidade... Mas não cresceu; ficou na mesma. E que descuidou daquela *força divina* de que dispunha no seu íntimo.

Vive o dia a dia desorientado, sem ânimo, sem incentivo, sem ideais. Correndo atrás do consumismo e materialismo que escraviza. E não sabe que leva dentro de si *um imenso tesouro, uma imensa riqueza* que pode transformá-lo no ser mais *feliz do mundo.*

Ainda Paulo nos ajuda a despertar do sono. "Se *vivemos pelo Espírito, andemos também de acordo com o Espírito*" (Gl 5,25).

O mundo continua a realizar-se no egoísmo, no consumismo, no orgulho, no ódio e na autodestruição. E muitos se habituam a este estado de coisas, que é um puro fatalismo.

O cristão autêntico de hoje deve se rebelar a este estado de coisas.

O cristão sabe. Ele é chamado, é ungido, é dotado de uma missão divina de recriar o mundo no amor.

O cristão é constituído para construir a civilização do *amor.*

A bondade do Pai, a obediência e a obra do Filho, a força divina do Espírito Santo, presentes nos cristãos de hoje, que são *a Igreja do Deus Vivo*, reconstruirão o mundo no *amor.*

"... a renovação dos homens e consequentemente a da sociedade vai depender, em primeiro lugar, da *ação do Espírito de Deus*. As leis e as estruturas deverão ser animadas pelo *Espírito* que *vivifica os homens e faz que o Evangelho se encarne na história*" (Puebla n. 199).

"Sem o Espírito Santo, Deus está distante. O Cristo permanece no passado. O Evangelho uma letra morta. A Igreja uma simples organização. A autoridade um poder. A Missão uma propaganda. O culto um arcaísmo. A ação moral uma ação de escravos.

Mas *no Espírito Santo* o cosmos é enobrecido pela geração do Reino. O Cristo ressuscitado faz-se presente.

O Evangelho se faz força do Reino. A Igreja realiza a comunhão trinitária. A autoridade se transforma em serviço.

A liturgia é memorial e antecipação. A ação humana se deifica" (Atenágoras).

"*Fogo consumante, espírito de amor, desce em mira, a fim de que, na minha alma, se realize uma outra encarnação do verbo*" (Oração de Elisabete da Trindade).

Conclusão

A Igreja é o Corpo Místico de Cristo.

Cristo é a *cabeça*. Os cristãos são os membros do corpo.

O Corpo e a Cabeça formam o *Cristo Total* (**Santo Agostinho** in *De Unitate ecol.* 4,7).

O *Cristo Total*, ou *a plenitude de Jesus Cristo* (**São Paulo**), é o fim de toda a criação.

O Divino Espírito Santo é a *alma deste Corpo Místico*. Alma que santifica, une, comunica, vivifica.

Nós cristãos precisamos redescobrir *o dom inefável* que Deus Pai, na sua infinita bondade, nos concedeu, para que a nossa Igreja se torne, de verdade, *A Igreja ao Deus Vivo*, Coluna e Fundamento da Verdade" (**1Tm 3,15**).

Para refletir e responder

– *Quando você recebeu o Espírito Santo?*

– *O que realizou em você, até agora, o Divino Espírito Santo?*

– *Que significa* "O Cristo Total"?

– *Por que o Espírito Santo é a* Alma da Igreja?

PARTE IV

Origens das outras Igrejas Cristãs

42ª lição

Protestantismo

Martinho Lutero é o fundador do protestantismo. Nasceu em 1483, aos 11 de novembro, em Eisleben, Alemanha. O pai era camponês. Sua educação foi marcada pela severidade do pai, com o qual não se dava bem. Lutero, desde criança, via nos acontecimentos desagradáveis a presença do demônio, tudo atribuindo a ele. Este fato marcou Lutero por toda a vida, pois se considerava como objeto da condenação de Deus.

Aos 21 anos, exatamente no dia 2 de julho de 1505, durante uma tempestade, um raio, caindo bem perto dele, quase o fulminou. Na hora, apavorado, fez voto de se tornar religioso. Os familiares e amigos tentaram dissuadi-lo. De nada adiantou. E entrou para a Ordem dos Agostinianos. Aos 23 anos emitiu os votos de obediência, castidade e pobreza.

Não tendo vocação, e dada a severidade da regra, e também considerando sua tendência a ver em tudo a presença do demônio, não se deu bem no convento. Ao invés de encontrar a paz e a realização de sua vida, encontrou motivos para reformar a fé.

Em 1517, afixou 95 teses teológicas à porta da Igreja de Todos os Santos em Wittemberg, atacando muitas verdades da Igreja. (Foi motivado pelo modo errado de pregar as indulgências por parte de alguns pregadores.) Este fato provocou muitas polêmicas entre teólogos. A Santa Sé, então, interveio. Acontece que muitos príncipes da Alemanha viram em Lutero um bom motivo para se afastarem do papa e o apoiarem. Desta forma, a polêmica passou do campo religioso para o campo político, dando origem ao nacionalismo germânico. Lutero, vendo-se apoiado pelos príncipes, continuou atacando a Igreja, os costumes e a doutrina. Depois de muitas tentativas de diálogo, todas fracassadas pela recusa de Lutero a qualquer tipo de entendimento, foi excomungado, no ano de 1521. Mais tarde realizará a separação total da Igreja católica, iniciando assim a primeira igreja protestante.

Origem da palavra protestante

Em 1529, o Imperador Carlos V quis intervir na luta de Lutero com a Igreja, para restabelecer a unidade e a paz. O imperador convocou a Assembleia dos deputados (dieta) em Espira. Ficou decidido que era proibido apoiar o movimento de Lutero e que tudo devia voltar a ser como antes. Mas alguns príncipes não aceitaram esta decisão e declararam: "Protestamos contra tal decisão". Daqui veio o nome de "protestante".

Doutrina de Lutero e do protestantismo

Lutero baseou sua doutrina em alguns princípios fundamentais que foram aceitos também por quase todos os reformadores que vieram depois dele. Estes princípios são os seguintes:

A) "Somente a fé salva, sem as obras da Lei". (Ver 8ª lição, p. 37.) Lutero se baseou nas palavras de S. Paulo em **Rm 3,28**: "Sustentamos que o homem é justificado (salvo) pela fé, sem as obras da Lei". Aqui Lutero comete um erro grosseiro. De fato, aqui, nestas palavras: "sem as obras da Lei", Paulo se refere às obras da Lei dos fariseus que davam importância só às coisas inúteis e descuidavam das necessárias, como amar a Deus e ao próximo. De fato, o mesmo S. Paulo, em **1Cor 13,2-3**, diz bem claramente: "... ainda que possua a PLENITUDE DA FÉ, ao ponto de transportar montanhas, se não tiver CARIDADE, nada sou". Aqui, caridade significa "obra, ação, amor". O mesmo S. Tiago diz: "A fé sem as obras é morta" (**Tg 2,17**).

B) "Somente a Bíblia escrita é fonte de fé". Isto é, devemos crer somente aquilo que está escrito na Bíblia, sem aceitar o ensino oral da Igreja, que é a TRADIÇÃO. (Ver 6ª lição, p. 31.)

C) Livre exame da Bíblia. Cada pessoa deve entender e interpretar a Bíblia como quer. Pensa-se que o Espírito Santo esteja presente em cada leitor da Bíblia. Este é um erro radical que está na base de toda divisão da única Igreja de Jesus. Atualmente existem mais de duas mil igrejas protestantes, cada qual interpretando a Bíblia de modo diferente. Se a verdade que Jesus ensinou, e se o Espírito Santo ilumina a cada pessoa que lê a Bíblia, deveria iluminar a todos da mesma forma. Como explicar, então, estas interpretações tão contraditórias entre si? Aqui não há dúvidas: ou o Espírito Santo ensina errado, ou este princípio está errado. Não, o Espírito Santo é o Espírito da Verdade. O que está errado é o "livre exame da Bíblia". De fato, a Bíblia diz: "Nenhuma profecia da Escritura é de interpretação pessoal" (**2Pd 1,20**). (Ver 7ª lição, p. 34.) A vontade de Jesus é esta: "Um só rebanho e um só pastor" (**Jo 10,16**). Fundar uma igreja, separando-a da Igreja de Cristo, é colocar-se frontalmente contra a vontade de Jesus. Hoje, porém, estamos vivendo momentos de compreensão e reaproximação. Devemos nos empenhar todos para que, com boa vontade e desprendimento, construamos no mundo o Reino de Deus.

43ª lição

Os batistas: Amsterdã – 1600

Martinho Lutero, em 1517, começou sua rebelião contra a Igreja, rejeitando os pontos fundamentais da fé católica.

Thomas Munzer aceitou tudo o que Lutero ensinou e foi mais longe ainda. Este senhor começou a ensinar que todas as pessoas batizadas em criança não eram validamente batizadas. E que era preciso, então, batizar-se novamente. Munzer e seus adeptos foram chamados de *Rebatizantes* ou *Anabatistas*. O fanatismo exacerbado destes anabatistas chegou a tal ponto que caíram no descrédito de todos. E os hodiernos batistas negam qualquer ligação de descendência com eles.

O fundador da Igreja Batista

O verdadeiro fundador da Igreja Batista é *John Smyth*. Era um clérigo anglicano, que, não aceitando a doutrina da Igreja anglicana, fugiu da Inglaterra para a Holanda. Em Amsterdam, influenciado pelos anabatistas, aceitou suas ideias e rebatizou-se. Mais tarde teve dúvidas sobre a validade do batismo administrado por si mesmo e se fez rebatizar outra vez, mas não por imersão. Aqui teve início a Igreja Batista.

Em 1650 havia duas grandes divisões: os batistas gerais e os batistas particulares. Estes últimos se chamavam assim porque ensinavam que *Cristo morreu*, não por todos os homens, mas *só pelos eleitos*, isto é, só por eles. Hoje no mundo inteiro temos uma divisão enorme de batistas, cada qual com um credo diferente: Batistas do Sétimo Dia, Batistas dos Seis Princípios, Batistas do Livre-Arbítrio, Igreja Batista de Cristo, Batistas Unidos etc.

Batistas no Brasil

A primeira Igreja Batista no Brasil foi construída em 1871, em Santa Bárbara do Oeste (SP), por alguns americanos fugidos por causa da guerra entre o Norte e o Sul dos Estados Unidos. Porém a primeira Igreja Batista, com fins de conquistar os brasileiros à sua fé, foi fundada na Bahia em 1882. Hoje existem diversas organizações batistas e cada qual segue uma linha diferente. Pode-se dizer que cada pastor na sua igreja é independente.

Doutrina e princípios distintivos dos batistas

a) Batismo administrado só aos adultos e por imersão.

b) Independência da igreja local. Cada igreja é autônoma e independente de qualquer outra congregação. Por causa desta autonomia, alguns pastores introduzem novas fórmulas na administração do batismo. É bom verificar caso por caso, pois em muitos deles se tem provado que o batismo foi administrado invalidamente por causa da fórmula errada. Também pode-se suspeitar da intenção, pois eles pensam que o batismo não nos torna filhos de Deus.

c) Ausência absoluta da missão sacerdotal. A assembleia elege seus pastores para o serviço (ver lições 21 e 24).

d) Separação da Igreja e do Estado.

e) Exclusão total do culto a Maria.

44ª lição

Presbiterianos: Escócia – 1560

Oficialmente, o fundador da seita presbiteriana foi *John Knox*. Nasceu em 1505, estudou em Glasgow para ser sacerdote católico e foi ordenado em 1530, mas alguns anos mais tarde começou a aceitar a doutrina de Calvino e de Lutero. Viajou muito pela Europa. Chegou a ser capelão real anglicano. Lutou muito para tornar o anglicanismo mais luterano e calvinista. Recusou o celibato e casou-se com uma calvinista. Muitas vezes foi aprisionado e teve que fugir da Inglaterra e da Escócia. Em 1560 o parlamento escocês aboliu a autoridade do papa na Escócia, proibiu a celebração da Santa Missa e adotou a "Confissão de Fé" calvinista, codificada por John Knox.

Knox morreu em 1572. Tinha conseguido, sobretudo por meios políticos, introduzir o protestantismo na Escócia, em detrimento do catolicismo. Seu sucessor, André Melville, aperfeiçoou o presbiterianismo na Escócia, escrevendo o *Segundo livro de disciplina*. Neste livro, expõe todo o sistema de governo da Igreja presbiteriana. Depois de muitas lutas, guerras e divisões, chegou-se à religião estável da Escócia.

Doutrina

a) *A Bíblia* é reconhecida como única autoridade em que se baseia a religião. Hoje, porém, muitos presbiterianos inteligentes reconhecem um certo valor na Tradição. Há muitos também que não reconhecem a Bíblia como inspirada e logicamente são levados a negar a divindade de Jesus Cristo.

b) *Negam que Cristo tenha fundado uma Igreja* (ver 20ª lição): para eles a Igreja é uma simples associação de gente com a mesma finalidade e com a mesma fé em Cristo. Esta associação é voluntária. Ensinam, porém, que para se salvar é preciso ser presbiteriano.

c) *O ministério*: há uma Igreja Baixa Presbiteriana, que ensina que "os mais velhos" e "presbíteros" são declarados tais por imposição das mãos e devem dirigir o culto, pregar o Evangelho e administrar os sacramentos. Porém, entre os leigos e estes presbíteros, não há nenhuma diferença. Os presbíteros são apenas encarregados pelos outros de trabalhar em favor dos fiéis.

d) A Igreja Alta Presbiteriana sustenta que Jesus instituiu uma classe de presbíteros para pregar a palavra e administrar os sacramentos.

e) A confissão de fé de Knox é o fundamento do Presbiterianismo. Esta confissão é continuamente modificada.

f) Os sacramentos: aceitam só o batismo e a ceia do Senhor.

45ª lição

Os congregacionalistas: Inglaterra – 1600

Robert Browne é seu fundador. Era clérigo anglicano, nascido na Inglaterra em 1550. Ao conhecer as doutrinas de Calvino e Lutero, aos poucos não aceitou mais nenhuma ideia de reforma e fundou uma igreja por sua conta, independente de todas as autoridades civis e eclesiásticas.

Foi em Norwich que começou a pregar a sua nova doutrina. Em pouco tempo conseguiu numerosos adeptos. Em 1581 foi aprisionado, porque atacou nas suas pregações os prelados anglicanos e não poupou a rainha Elisabeth. Um ano depois foi libertado e, com alguns dos seus, rumou para a Holanda, para ali fundar uma comunidade toda sua e conforme suas ideias. Por causa de seu caráter violento e de muitas fraquezas, sua comunidade se dividiu em muitas frações. Em 1584 foi para a Escócia, onde os presbiterianos o colocaram na cadeia. Libertado, voltou para a Inglaterra, renunciou aos seus ensinamentos e foi reintegrado no clero anglicano. Morreu em 1633.

Porém suas ideias não morreram. Seus simpatizantes continuaram sua obra. John Greenwood e Henry Barrowe fundaram em Londres, em 1592, uma igreja desse tipo. Francis Johnson foi escolhido como ministro. Os dois primeiros, dois anos mais tarde, foram executados. Da Holanda e da Inglaterra os congregacionalistas passaram para a América do Norte e aí encontraram terreno fértil para seu desenvolvimento.

Doutrina

Para os congregacionalistas a fé é simples *confiança em Deus, confiança experimentada pessoalmente* e com uma vontade pessoal de servi-lo. Por conseguinte, negam qualquer verdade dogmática para ser acreditada por todos.

O *pacto com Deus e com os outros* é a base de todas as Igrejas congregacionalistas.

Eis o texto do "pacto":

"Pactuamos com o Senhor e uns com os outros; e na sua presença nos obrigamos a trilhar juntos todos os seus caminhos, conforme lhe aprouve revelar-se a nós na sua bendita Palavra de Verdade".

Sacramentos: aceitam o batismo e a ceia do Senhor, mas cada um dá o valor que acha melhor a estes sacramentos.

Cada congregacionalista pode crer e praticar livremente o que desejar. O que importa é não aceitar dogma algum, verdade codificada ou credo.

46ª lição

Os metodistas: Inglaterra – 1739

John Wesley foi o fundador. Nasceu em 1703 na Inglaterra. Foi aluno do Lincoln College, em Oxford. Ali, junto com seu irmão Charles e outros, formou o "Clube Santo": um grupo de jovens que se dedicava à oração, meditação e prática da caridade. Pelo seu método de funcionamento, esse grupo foi apelidado de "metodista". Wesley gostou deste apelido e mais tarde fundou sua igreja com este nome.

Ele gostava muito de ler o livro católico *A imitação de Cristo* e o recomendava a todos os seus seguidores para a meditação. Em 1735 foi admitido na ordem anglicana. No mesmo ano partiu para a América do Norte como missionário. Foi um completo fracasso, pois os colonos americanos não aceitaram de modo nenhum suas doutrinas ditatoriais. Em 1738 voltou para a Inglaterra. Em Londres conheceu os morávios. Estes eram sectários de John Huss. Ficou impressionado com sua fé. Em 1739 organizou a Sociedade Metodista Wesleyana. Morreu como anglicano, em 1791, e nunca quis filiar sua Igreja metodista à Igreja da Inglaterra.

Doutrina metodista

a) Ele dizia que a Bíblia é a única regra de fé, porém sempre condenou a interpretação privada, que era, segundo ele, semente de erros sem fim.

b) *A salvação*: Wesley era obcecado por salvar almas. Pregava a *nova conversão*, que justificava a alma perante Deus imediatamente. Essa nova conversão não era pelo batismo, mas depois. Seus seguidores chegaram a colocar esse novo nascimento ou nova conversão no lugar do batismo. De fato, os modernos metodistas consideram este sacramento como simples símbolo de conversão.

c) Ensinava que a salvação é para todos. Cristo morreu por todos e para salvar todos. Aqui contrariou na raiz a doutrina de Calvino, que diz que Cristo morreu só para os eleitos.

d) Hoje em dia, entre os metodistas há fortes diferenças, sobretudo em relação àquilo que devem crer. Há quem deseja uma aproximação com a Igreja Católica. Há os que combatem com furor esta tendência. Hoje, no mundo inteiro os metodistas são mais de 25 seitas diferentes, com diferentes doutrinas e disciplinas.

47ª lição

Anglicanos e episcopalianos

Henrique VIII, da Inglaterra, foi o fundador. Em 1521 escreveu um livro para demonstrar a falsidade da doutrina de Lutero. O Papa Leão X proclamou-o "Defensor da fé". Era casado com Catarina de Aragão, com a qual teve cinco filhos. Tendo-se apaixonado por Ana Bolena, pediu ao papa a anulação do casamento com sua primeira mulher, para poder se casar com Ana. O papa foi irremovível:

"O que Deus uniu, o homem não pode separar" (**Mt 19,3-9**).

Cego de paixão, rompeu com Roma e se uniu aos protestantes, contra o papa, casando-se então com Ana Bolena, em 1533. Em 1536 o rei condenou Ana e se casou com Joana Seymour, a qual morreu um ano depois. Voltou a se unir com Ana de Clévepris, em 1539, mas alguns dias depois a repudiou. Casou-se pela quinta vez, então com Catarina Howard. Esta também foi executada, em 1542. Até que se casou pela última vez, e com Catarina Parr, porquanto o rei morreu primeiro.

A separação da Igreja Católica e o início da Igreja Anglicana se deram historicamente em 1534, com o "Ato de Supremacia Régia" de Henrique VIII. Daí começou também a grande perseguição aos católicos. Chegou-se a tal ponto, que os católicos eram barbaramente encarcerados pelo simples motivo de não quererem assistir ao culto anglicano. Em 1581, foi feita uma lei pela qual eram enforcados ou esquartejados todos os que se confessavam ou davam absolvição.

Doutrina

A Bíblia contém as coisas necessárias para a salvação. Deve haver uma Igreja visível como união dos fiéis batizados. Nesta igreja há um ministério hierárquico de bispos, sacerdotes e diáconos. As fontes desta doutrina são: a Bíblia, o Livro de Oração Comum e os três credos: apostólico, niceno e atanasiano. Só dois sacramentos são considerados necessários para a salvação: o Batismo e a Eucaristia.

Conclusão

Entre as Igrejas protestantes, esta é a que mais se aproxima da Igreja Católica em relação à doutrina e liturgia. Ultimamente, há profundos estudos entre teólogos católicos e anglicanos para reunificar a Igreja anglicana a Roma. Estes entendimentos estão mais adiantados do que a gente possa pensar. Temos que rezar para que a grande Igreja da Inglaterra volte ao seu natural rebanho.

48ª lição

Os adventistas: Estados Unidos – 1831

William Miller é o fundador. Nasceu a 15 de fevereiro de 1782, em Massachusetts. Era um agricultor. Na idade de 34 anos se converteu aos Batistas. Começou a ler a Bíblia, sozinho, sem preparação. O pior é que começou a interpretar o livro mais difícil, que é o Apocalipse de S. João,

Descobriu na Bíblia que o fim do mundo estava próximo: através de cálculos infantis, concluiu que o fim do mundo devia ser no dia 21 de março de 1843. Com o auxílio de muitos amigos pregadores, começou a propagar esta data e a conclamar todos para que se preparassem, pois o fim estava próximo. Pois bem, depois de oito anos de pregação, o dia profetizado estava chegando. Todos os crentes vendiam tudo o que tinham, subiam nos telhados com vestes brancas, gritando e esperando o fim do mundo. Mas... que desilusão! Veio o dia 21 de março e o tempo continuou a correr. Refez os cálculos. Tinha errado em alguns dias. Foi corrigido o tempo. O verdadeiro fim do mundo devia ser no dia 22 de outubro de 1844. Nova desilusão. Chamaram-se outros matemáticos e profetas da seita e pela terceira vez foi marcada a data fatal. Desta vez os cálculos estavam certos. Devia ser em 1854. Novo fracasso! O mundo continuou.

Doutrina

O primeiro dogma fundamental dos adventistas é que a *segunda vinda de Cristo está iminente*. Eles vivem continuamente numa tensão nervosa e muitas vezes marcam o dia e a hora da chegada de Cristo. E sempre erram. Pois *Jesus disse*:

"Em relação ao dia e à hora, ninguém o sabe, nem os anjos dos céus, mas só o Pai que está nos céus" (**Mt 24,36**).

Segundo dogma fundamental: *observância do sétimo dia, o sábado*. Aqui se colocam em choque com todos os outros protestantes, pois estes também observam o domingo.

Crítica ao sabatismo: Cristo ressuscitou no domingo, que passou a ser o Dia do Senhor. Os apóstolos e os primeiros cristãos se reuniam no domingo para celebrar os mistérios. Toda a Tradição nos diz em inúmeros documentos que o domingo passou a ser dia de descanso e dia do Senhor.

Todos os adventistas devem ser vegetarianos e de forma alguma tomar bebidas alcoólicas, nem fumar. Para ser aceito no Reino milenar de Cristo, o adventista deve comer uma comida sadia.

Esta seita condena todos. Para eles, quem não pensa como eles irá para o inferno. Sobretudo o seu ódio é manifesto contra o papa e a Igreja Católica.

Divisões: hoje o adventismo está dividido em inúmeras seitas:

Adventistas do sétimo dia, os segundos adventistas; Igreja cristã do advento; Igreja de Deus adventista; União da vida e do advento etc.

49ª lição

Testemunhas de Jeová: Estados Unidos – 1874

a) *Charles Taze Russel* é o fundador. Nascido em Pittsburg, Pensilvânia. Pertencia à Igreja congregacional. Era, hoje se diria, um doente mental, pois vivia continuamente com a ideia do inferno na cabeça. Um dia começou a escrever com giz em todos os muros da cidade avisos sobre o inferno para os incrédulos. Assim ficou muito tempo, todo dia no mesmo trabalho. Em 1869 encontrou-se com um ateu. Este, com pouca conversa, destruiu sua fé sobre o inferno. Russel também se tornou um ateu. Porém, de vez em quando, dava uma olhada na Bíblia. Por meio da Bíblia, fez outra descoberta, isto é, que podia crer na Bíblia e não crer no inferno.

b) Com 20 anos de idade, começou a pregar esta nova descoberta e gritava em todo canto: "Não há inferno!" Nesta idade fundou uma nova religião, de sua autoria, e se deu este nome: Pastor Russel. Em pouco tempo ficou muito rico através de seus escritos, inventando profecias, declarando-se infalível na interpretação da Bíblia, extorquindo dinheiro do povo.

c) *A grande mentira*: ele se declarava sempre e com todos o grande conhecedor das Escrituras. Era o grande mensageiro de Deus. No Canadá, em pleno tribunal, jurou diante de todos que sabia grego, a língua do Novo Testamento. Foi-lhe apresentado um Evangelho escrito em grego. Mas foi obrigado a admitir que não conhecia aquela língua, apesar de antes ter jurado em nome de Deus – e isto é grande pecado de perjúrio.

d) *Outro grande pecado*: sua mulher se divorciou dele em 1897, por acusação de adultério da parte dele com duas mulheres, e por maus-tratos. O juiz que concedeu o divórcio obrigou-o ao pagamento de uma pensão mensal a ela. Mas Russel imediatamente transferiu a conta de todo seu dinheiro para a sociedade bíblica. E assim sua mulher morreu de fome. Russel morreu em 1916. Os seus seguidores atuais nem gostam que se recordem certos fatos.

e) *Joseph Franklin Rutherford* desenvolveu a obra de Russel. Rutherford estava cumprindo sentença na cadeia de Atlanta. Terminada a pena, formou-se em direito. Foi escolhido para ser procurador das Testemunhas de Jeová. Aproveitou a oportunidade para lançar outras ideias e para sair do anonimato. Ele inventou o nome *Testemunhas de Jeová* e lançou milhões de folhetos no mundo inteiro, inculcando ódio contra todas as religiões. Aos poucos tirou de circulação os escritos de Russel e lançou os seus. Em 1917 foi encarcerado com mais 405 seguidores, por se recusarem a servir à pátria. Construiu para si em S. Diego, Califórnia, uma residência principesca. Depois de muitas falsidades e profecias não sucedidas, morreu, riquíssimo, em 1942.

Doutrina

É a negação ao Cristianismo em toda a linha. Um sectarismo domina todo o movimento. Negam a Santíssima Trindade. Negam a divindade de Jesus. Negam a espiritualidade da alma. O mundo é dirigido pelo diabo. Todas as religiões são obras de satanás. São animados por um fanatismo doentio que só fabrica doentes mentais.

50ª lição

Assembleia de Deus e sua divisão (pentecostais) fundação

A Assembleia de Deus foi fundada em 1914 na cidade de Hot Springs, Estados Unidos, por um grupo de pastores provenientes de diversas denominações protestantes. Estes pastores conseguiram reunir mais de 100 congregações diferentes em uma só denominação que se chamou Assembleia de Deus.

Orientação

Os pontos doutrinários são tirados das outras igrejas protestantes, aceitando quase todos os princípios destes, como: somente a Bíblia, somente a fé salva, negação do culto a Maria.

Divisão da Assembleia de Deus

Os membros da Assembleia de Deus estão sujeitos a uma divisão sem controle, pois eles pensam que o Espírito Santo age diretamente em cada um deles. Quando alguém diz ter uma visão, ou um sonho, ou uma profecia etc., e alguém discorda, aí começa a separação, dando início assim a uma nova seita.

Principais grupos no Brasil

a) Congregação cristã do Brasil: começou em 1909 em São Paulo, vinda dos Estados Unidos. Distingue-se das outras congregações por certas características próprias.

b) Cruzada "Brasil para Cristo". Fundada pelo Pastor Manoel de Melo em 1955, que se desligou da Assembleia de Deus por motivos financeiros.

c) "Deus é amor". Fundada por Davi Miranda, cunhado de Manoel de Melo, em 1962, também por motivos financeiros. Este pastor possui na polícia muitos processos de curandeirismo.

d) "Casa da bênção", igreja da graça, igreja universal do reino de Deus etc. Todos se separaram por motivos de dinheiro.

Além destas existem outras seitas: Cruzada Nova Vida, Evangelho Quadrangular, Igreja da Restauração, Reavivamento, Cristo Pentecostal etc.

Doutrina

Aceitam duas espécies de batismo. Batismo de água e Batismo do Espírito Santo. Batismo de água é administrado só aos adultos e significa um simples sinal de arrependimento (como o de João Batista). Batismo do Espírito Santo é sempre acompanhado pelo dom das línguas.

Outro ponto fundamental: as curas milagrosas. Para eles qualquer tipo de doença é obra do demônio. Por este motivo, todo seu trabalho consiste em expulsar demônios das pessoas. É evidente que, desta forma, criam nas pessoas um clima de medo e de terror, que muitas vezes prejudica irremediavelmente a saúde mental e física. É evidente, também, a exploração das emoções e dos sentimentos dos mais pobres e doentes. A insistência com que pedem dinheiro aos pobres, doentes e velhos, e de modo astucioso, fez revoltar muita gente, pois os pastores se tornaram ricos de modo escandaloso. As pessoas mais esclarecidas, logo percebendo o engano, se afastam, e voltam a procurar sua Igreja Católica, que é a única fundada por Jesus.

Conclusão

É necessário que todo católico se conscientize que é chegada a hora de assumir a responsabilidade da evangelização. Sobretudo no meio do povo pobre que sempre é explorado e manipulado por estes espertalhões sem escrúpulos.

Conclusão geral

"Para que todos sejam um, como nós somos um" (**Jo 17,22**).

a) *Jesus fundou uma só Igreja*, como vimos na lição 30. A multiplicidade das Igrejas cristãs não é obra de Deus, mas dos homens. Esta divisão entre os cristãos é uma vergonha e um escândalo diante do mundo. Os culpados desta divisão somos todos nós. O nosso orgulho, a nossa mediocridade, a nossa falta de fé, a nossa falta de amor, é que causaram as divisões entre nós.

b) *Voltaremos um dia a ver o mundo cristão como "um só rebanho e um só pastor"* (**Jo 10,16**)?

O caminho é grande, mas temos certeza absoluta de que chegaremos um dia a ver o mundo inteiro professar "um só Senhor, uma só fé, um só batismo, um só Deus e Pai de todos" (**Ef 4,3-6**). A razão da nossa certeza é a oração de Jesus pela unidade:

"Pai santo, guarda-os em teu nome, este nome que me deste, para que sejam um como nós... Não rogo somente por eles, mas por aqueles que, por meio de sua palavra, crerem em mim, a fim de que todos sejam um, como tu, Pai, estás em mim e eu em ti. Que eles sejam um em nós, para que o mundo creia que tu me enviaste. Eu lhes dei a glória que me deste, para que sejam um como nós somos um. Eu neles e tu em mim, para que sejam perfeitos na unidade e para que o mundo reconheça que me enviaste e os amas como tu me amaste" (**Jo 17,11.20-23**).

Esta oração, saída do coração de Jesus, que previu a divisão de sua Igreja, temos certeza que um dia será ouvida pelo Pai eterno. Não sabemos quando, mas será ouvida, porque se trata da Igreja de Jesus, da sua obra, que lhe custou seu Sangue divino. A Igreja de Jesus não poderá ficar despedaçada, dividida até o fim, pois isto é contrário aos desejos de seu Divino Fundador.

c) Nós, os fiéis de Cristo, *o que podemos fazer pela unidade da Igreja?*

1º) A *oração* é o meio fundamental e ao alcance de todos, para restabelecer a unidade no Reino de Deus. Raciocinando humanamente, pode parecer impossível a *união dos cristãos*, mas a oração sincera fará sentir a cada um dos cristãos a vergonha deste escândalo da divisão e mais facilmente saberemos renunciar aos nossos pontos de vista errados, para abrir-nos aos impulsos da graça. O que aos homens parece impossível, a Deus é possível.

2º) A prática da *caridade* é outro modo de que podemos e devemos nos valer para a unidade da Igreja. É o mandamento novo de Jesus para os seus fiéis: "Nisto todos conhecerão que sois meus discípulos, se tiverdes amor uns pelos outros" (**Jo 13,35**). Este mandamento de amor para com os irmãos deve ser como que o resultado do nosso amor a Deus. Isto é, deve ser um amor sobrenatural, o único capaz de superar as dificuldades e os obstáculos para a unidade.

3º) O terceiro modo para chegar à unidade é o *diálogo no plano da fé*. É claro que é o mais difícil, mas por meio da oração e da caridade, guiados pelo Espírito Santo, conseguiremos chegar à reconciliação e à unidade. E então "*haverá um só rebanho e um só Pastor*" (**Jo 10,16**).

"Com nossos irmãos que professam a mesma fé em Cristo, embora não pertençam à Igreja Católica, esperamos unir esforços, preparando constantes e progressivas convergências que apressem a chegada do Reino de Deus" (Puebla n. 1.252).

Oração

Ó Deus, Pai de bondade e de misericórdia!
Fomos nós que, com o nosso orgulho e a nossa malícia,
criamos a divisão na vossa Igreja.
Na vossa infinita bondade,
perdoai o nosso pecado,
que nos envergonha diante do mundo,
e escutai a oração do vosso Filho Jesus Cristo
e a nossa, e fazei com que o vosso Reino seja um,
como vós, Pai, sois um com o vosso Filho,
na unidade do Espírito Santo.
Amém.

Bibliografia

Bíblia Sagrada – Editora Vozes, Petrópolis, 1982.

Bíblia Sagrada – Editora Ave Maria, São Paulo.

A Bíblia de Jerusalém – Edições Paulinas, 1975.

A Bíblia às suas ordens – Edições Paulinas, 1975.

Compêndio do Vaticano II – Editora Vozes, Petrópolis.

Dicionário de Teologia Bíblica – Editora Vozes, 1972.

GARBALLO, Fernando. *Protestantismo e Bíblia* – Edições Paulinas, 1962.

STRABELLI, Pedro. *A Santa Bíblia ante as mil seitas protestantes* – Editora Lar Católico, 1960.

CAVALLINI, Cônego Lourenço. *A Bíblia nas mãos* – Livraria Pio XII, 1962.

XAVIER, Padre G. *Curso Bíblico* – Edições Paulinas, 1976.

Vozes em defesa da fé – Editora Vozes, 1959.

D. GRASSO. *A mensagem de Cristo* – Edições Paulinas, 1977.

BIGO, Pierre. *A doutrina social da Igreja* – Edições Loyolas, 1969.

Documentos de Puebla – Editora Vozes, Petrópolis, 1979.

DALLEGRAVE, Geraldo E. *Reencarnação* – Edições Loyola, 1975.

Conecte-se conosco:

facebook.com/editoravozes

@editoravozes

@editora_vozes

youtube.com/editoravozes

+55 24 2233-9033

www.vozes.com.br

Conheça nossas lojas:

www.livrariavozes.com.br

Belo Horizonte – Brasília – Campinas – Cuiabá – Curitiba
Fortaleza – Juiz de Fora – Petrópolis – Recife – São Paulo

Vozes de Bolso

EDITORA VOZES LTDA.
Rua Frei Luís, 100 – Centro – Cep 25689-900 – Petrópolis, RJ
Tel.: (24) 2233-9000 – E-mail: vendas@vozes.com.br